Ponts et Chaussées.

DÉPARTEMENT DE L'EURE.

RÈGLEMENT

D'ADMINISTRATION PUBLIQUE,

RELATIF A LA POLICE DES EAUX DE LA RIVIÈRE D'ITON

ET DE SES AFFLUENTS.

TABLE DES MATIÈRES.

Ruisseaux des trous de Corne et de Botte et Mort-Iton entre le Becquet et Condé.

Partie comprise entre Condé et Villalet et Sec-Iton.

ITON INFÉRIEUR.

Le Rouloir affluent principal de l'Iton.

Partie située sur les communes de Glisolles, Gaudreville et la Bonneville jusqu'à la forge de la Bonneville.

Depuis la forge de la Bonneville jusqu'à la limite supérieure de la commune d'Evreux.

Sur les communes d'Evreux, de Gravigny et de Normanville.

CONCLUSION. — PROJET DE RÈGLEMENT.

DISPOSITIF.

PROPOSITION DÉFINITIVE APRÈS L'ENQUÊTE.

ORDONNANCE DU ROI

DU 31 JUILLET 1833.

LOUIS-PHILIPPE, Roi des Français, à tous présents et à venir; Salut :

Sur le rapport de notre Ministre secrétaire d'état du commerce et des travaux publics ;

Vu les pièces qui établissent les plaintes élevées, depuis longues années, au sujet du défaut d'entretien de la rivière d'Iton et de ses affluents, dans le département de l'Eure, et les abus qui se sont introduits dans l'usage des eaux de ladite rivière ;

L'arrêt du parlement de Rouen, en date du 2 juillet 1689, portant règlement des eaux de cette rivière et de ses affluents ;

Les arrêtés réglementaires pris par le préfet le 3 août 1800 (15 thermidor an VIII), les 15 avril et 24 août 1801 (25 germinal et 6 fructidor an IX), et les 11 février et 5 juin 1802 (22 pluviôse et 16 prairial an X), relatifs aux mesures de police et de surveillance à exercer sur ces cours d'eau ;

Ceux rendus dans le même but les 24 décembre 1808, 24 juillet 1823, 26 juillet 1826 ;

Le rapport de l'inspecteur divisionnaire et l'avis du conseil général des ponts et chaussées des 24 octobre et 18 novembre 1823 ;

La lettre du préfet de l'Eure du 27 juin 1824 ;

Les nouveaux rapports de l'inspecteur divisionnaire des 14 août suivant et 21 mai 1825, et l'avis du conseil général des ponts et chaussées du 18 juin 1825 ;

Le projet de règlement présenté par le préfet;

L'avis des ingénieurs ;

Les observations des diverses parties intéressées ;

Le procès-verbal des délibérations de la commission instituée à l'effet d'examiner ces observations ;

Le nouveau projet de règlement présenté par le préfet le 28 février 1833 ;

Le rapport des ingénieurs et le plan qui l'accompagne ;

L'avis émis par l'inspecteur divisionnaire et le conseil général des ponts et chaussées (section de la navigation) les 24 mars et 5 avril même année;

Vu les lois des 20 août 1790 et 6 octobre 1791 ;

Celles des 4 mai 1803 (14 floréal an XI) et du 16 septembre 1807 ;

Notre conseil d'état entendu ;

Nous avons ordonné et ordonnons ce qui suit :

Article premier. Les dispositions de l'arrêt du parlement de Rouen du 2 juillet 1689, et celles des arrêtés des 11 février 1802 (22 pluviôse an X) et 24 décembre 1808, relatives aux prairies arrosées par les eaux de l'Iton, continueront de recevoir leur exécution sur tout le cours de cette rivière et de ses affluents, sauf la modification exprimée dans l'article suivant.

Art. 2. La manœuvre régulière des vannes de prises d'eau, employées au service des irrigations, aura lieu par les soins des propriétaires ou fermiers des prairies; en conséquence ces vannes seront cadenassées, et les clefs resteront entre les mains desdits propriétaires ou fermiers, lesquels demeureront personnellement responsables de toutes les contraventions régulièrement constatées qui pourraient avoir lieu dans la manœuvre desdites vannes.

Art. 3. Une commission syndicale sera instituée à l'effet d'assurer l'exécution du règlement. Cette commission désignera les usines et prairies qui profitent des eaux de l'Iton et de ses affluents.

Elle choisira les gardes-rivières et les gardes principaux des eaux, qui seront établis ainsi qu'il sera expliqué ci-après.

Elle préparera les instructions à donner à ces gardes.

Elle proposera la répartition des fonds nécessaires à l'effet de pourvoir au traitement desdits gardes, au paiement des gratifications qu'il y aurait lieu de leur allouer, ainsi qu'aux autres frais qu'exigerait la surveillance à exercer sur les cours d'eau dont il s'agit.

Elle poursuivra, devant l'autorité compétente, les délits et contraventions qui auront été régulièrement constatés.

Enfin elle proposera à l'administration toutes les mesures d'utilité générale qui auraient pour but l'amélioration du régime des eaux.

Toutes les délibérations de la commission syndicale seront soumises à l'approbation du préfet.

Art. 4. Cette commission sera composée de neuf membres, huit seulement seront choisis parmi les personnes qui possèdent des établissements hydrauliques sur l'Iton et ses affluents, ou des prairies qui profiteront du bénéfice de l'irrigation ; sur ces huit syndics, quatre devront être propriétaires de prairies, et les quatre autres propriétaires d'usines.

Le neuvième membre, auquel appartiendra la présidence du syndicat, sera le président du tribunal de commerce d'Evreux ; toutefois, si ce magistrat se trouvait dans l'une des deux catégories d'intéressés, ou s'il y avait empêchement de sa part, il sera remplacé par celui des juges du même tribunal, choisi dans l'ordre du tableau, et qui sera étranger à l'une et à l'autre catégorie d'intéressés.

Indépendamment des huit membres titulaires, il sera choisi en outre, parmi les usiniers et les propriétaires de prairies, un égal nombre de membres suppléants.

Art. 5. Les syndics et leurs suppléants seront nommés pour quatre ans, et renouvelés par quart, tous les ans, dans les premiers jours du mois de mai. Pendant les trois premières années, la voie du sort indiquera, dans chaque catégorie, le membre titulaire et le membre suppléant sortant ; les syndics et leurs suppléants seront indéfiniment rééligibles.

Art. 6. Le siège du syndicat sera établi à Évreux ; la commission ne pourra délibérer qu'au nombre de cinq membres au moins ; en cas de partage, la voix du président sera prépondérante. La commission élira chaque année, dans son sein, un secrétaire et un trésorier ; elle se réunira sur la convocation de son président.

Art. 7. Les quatre syndics et les quatre suppléants à choisir dans chacune des catégories d'intéressés seront nommés par le préfet, sur la présentation d'une liste triple de candidats désignés dans une assemblée composée de tous les propriétaires d'usines et autres établissements industriels, situés sur le cours de l'Iton et de ses affluents, et d'un nombre égal de propriétaires de prairies. Ces derniers seront pris parmi les propriétaires les plus imposés à raison des prairies arrosées par l'Iton et ses affluents. Cette assemblée se réunira à Evreux, sous la présidence du maire de cette ville.

Art. 8. Sur les quatre syndics et les quatre suppléants appartenant à chacune des catégories d'intéressés, deux syndics et deux suppléants devront être nommés parmi les propriétaires qui se servent des eaux des différents bras, soit naturels, soit dérivés de l'Iton supérieur, lesquels sont compris dans la limite des départements de l'Orne et de l'Eure, l'embouchure dans la rivière d'Avre, du bras dérivé du Becquet, vers Verneuil et Villalet, point où disparaissent les eaux de cette rivière, autres que celles du canal de dérivation précité.

Les deux autres syndics et leurs suppléants seront choisis parmi les ayant-droit à l'usage des eaux des divers bras naturels ou dérivés de l'Iton inférieur et de ses affluents, compris entre Gaudreville, où reparaissent les eaux de l'Iton et de la source du Rouloir, à l'amont, et les deux embouchures de l'Iton dans la rivière d'Eure, en aval.

ART. 9. Les veuves, et, en cas d'empêchement, les autres membres de l'assemblée, pourront se faire représenter par un fondé de pouvoirs porteur d'un mandat spécial, passé devant notaire, et dont il devra justifier.

Les héritiers mineurs seront de droit représentés par leurs tuteurs.

ART. 10. La surveillance journalière à exercer, pour assurer l'exécution des dispositions prescrites par le présent règlement, sera confiée à deux gardes principaux des eaux, ayant chacun trois gardes-rivières sous ses ordres.

Le nombre des gardes-rivières pourra, sur la proposition de la commission syndicale, être augmenté ou diminué par un arrêté du préfet, soumis à l'approbation de notre ministre secrétaire d'état du commerce et des travaux publics.

ART. 11. Le premier garde principal sera chargé de la police des eaux des divers bras de l'Iton supérieur.

La police des eaux de l'Iton inférieur et de ses affluents sera exercée par le second garde principal.

Toutefois, chacun de ces agents aura le droit de constater les contraventions qui pourraient être commises sur tout le cours de la rivière de l'Iton et de ses affluents dans le département de l'Eure.

ART. 12. Les limites assignées à chaque garde-rivière seront fixées par le préfet, sur la proposition du syndicat.

ART. 13. Les deux gardes principaux des eaux, et les six gardes-rivières, seront nommés par la commission syndicale, mais leur nomination ne sera valable qu'autant qu'elle aura été confirmée par le préfet.

Les gardes devront avoir vingt-cinq ans accomplis, et prêteront serment en justice, à leur entrée en fonctions.

Tout candidat, à la place de garde principal, devra justifier d'un certificat de capacité délivré par un ingénieur en chef des ponts et chaussées, constatant qu'il possède les connaissances nécessaires.

Le traitement de chaque garde principal est fixé à mille francs par an.

Le salaire annuel de chaque garde-rivière est fixé à quatre cent quatre-vingts francs par an.

Ces traitements et salaires pourront, sur la proposition de la commission syndicale, être modifiés par un arrêté de préfet, soumis à l'approbation de notre ministre du commerce et des travaux publics.

Ces divers agents pourront en outre recevoir des gratifications, comme récompenses du zèle et de l'activité qu'ils apporteront dans l'exercice de leurs fonctions.

ART. 14. Les dépenses du personnel des gardes sont fixées, quant à présent, à la somme annuelle de quatre mille huit cent quatre-vingts francs.

Les frais de perception et autres sont fixés à mille cent vingt francs par an. En conséquence la dépense totale, qu'exigera la surveillance des diverses parties de la rivière d'Iton et des affluents, s'élèvera annuellement à six mille francs.

Art. 15. Le recouvrement de la somme de six mille francs, ci-dessus détaillée, aura lieu au moyen d'un rôle où seront compris tous les propriétaires de prairies qui profitent des irrigations, des moulins, usines et autres établissements industriels, situés sur le cours de l'Iton et de ses affluents.

Les propriétaires desdites prairies contribueront au marc le franc des contributions directes payées par les prairies; et les propriétaires d'usines, au marc le franc des impositions payées par leurs usines et de la cotisation de leurs patentes.

Art. 16. Le rôle ci-dessus mentionné sera établi par les soins du directeur des contributions, auquel sera fourni, par la commission syndicale, la liste de tous les propriétaires qui doivent y figurer, en conformité de l'article précédent.

Art. 17. Ce même rôle, après avoir été rendu exécutoire par le préfet, sera délivré par extrait aux percepteurs des communes où résideront les divers contribuables; lesdits percepteurs demeureront chargés d'en suivre le recouvrement par toutes les voies usitées en matière de contributions publiques.

Art. 18. Les sommes recouvrées seront versées aux mêmes époques que celles provenant des autres contributions, à la caisse du receveur général des finances du département, qui les tiendra à la disposition du trésorier de la commission syndicale, chargé d'effectuer le paiement des dépenses autorisées par ladite commission.

Art. 19. Les contestations relatives au recouvrement de ces rôles, aux réclamations des individus imposés et à la confection des travaux, seront soumises au jugement du conseil de préfecture, sauf recours au conseil d'état.

Art. 20. Les contraventions aux dispositions de la présente ordonnance et des arrêtés antérieurs, en date des 15 thermidor an viii, 23 germinal an ix, 6 fructidor an ix, 22 pluviôse an x, 16 prairial an x, 24 décembre 1808, et 26 juillet 1826, dûment constatés par procès-verbaux des gardes-rivières, des gardes principaux des eaux, ou des agents de l'autorité publique ayant droit de verbaliser, seront poursuivis conformément aux lois.

Art. 21. Une clef de chacune des vannes de flottage, établies ou à établir, sera remise par le propriétaire de cette vanne au préposé en chef de ce service.

Art. 22. Un mois au plus après la promulgation de la présente ordonnance, il sera procédé à l'élection des candidats aux fonctions de syndics et de suppléants, ainsi qu'il est prescrit par l'article 7 ci-dessus.

Art. 23. Notre ministre du commerce et des travaux publics est chargé de l'exécution de la présente ordonnance.

Donné au palais de Neuilly le 31 juillet 1833.

Signé : **LOUIS-PHILIPPE.**

Par le Roi :

Le Ministre Secrétaire d'Etat du Commerce et des Travaux publics,

Signé : A. **THIERS.**

Pour ampliation :

Le Maître des requêtes, Secrétaire général du ministère du Commerce et des Travaux publics,

Signé : Edmond **BLANC.**

Pour copie conforme :

Le Conseiller d'Etat, chargé de l'administration des Ponts et Chaussées et des Mines,

Signé : **LEGRAND.**

MÉMOIRE

A L'APPUI DU PROJET DE RÈGLEMENT CONTENANT LES NOUVELLES DISPOSITIONS

PROPOSÉES POUR LA

POLICE DES EAUX DE LA RIVIÈRE D'ITON, DE SES DÉRIVÉS

ET DE SES AFFLUENTS.

EXPOSÉ.

1834 et 1835. Réclamations contre l'ordonnance du 31 juillet 1833.

—

Requêtes
du conseil d'Etat.

L'ordonnance royale du 31 juillet 1833, portant règlement d'administration publique relatif à la police et à l'usage des eaux de la rivière d'Iton et de ses affluents, était à peine rendue que de plusieurs points de la vallée des voix s'élevèrent pour demander qu'elle fût rapportée ou du moins qu'il fût sursis à son exécution. Plusieurs requêtes furent présentées au conseil d'Etat dans ce but en 1834 et 1835.

La commission syndicale instituée par l'ordonnance venait d'être installée. Elle s'occupait de rechercher les moyens d'améliorer le régime des eaux de l'Iton et de préparer les modifications de détail à apporter aux prescriptions actuelles pour rétablir l'ordre en conciliant autant que possible les intérêts opposés des propriétaires de prairies et des propriétaires d'usines, lorsque la discussion s'engagea au dehors sur la légalité même de l'ordonnance et des arrêtés qu'elle consacre.

D'une part, trois années consécutives de sécheresse, pendant lesquelles l'eau manquait aux prairies, d'autre part les fâcheuses interprétations données aux actes émanés de l'administration, que déjà l'on n'était que trop disposé à envisager comme la cause unique du mal présent et comme une trop grande gêne pour l'avenir, quels qu'ils fussent, tout, nous devons le dire, concourait à rendre la tâche de la commission syndicale des plus difficiles. Des essais d'application devenaient presque impraticables, et d'un autre côté l'inaction semblait justifier les réclamations et les observations des opposants.

Rejet des requêtes au conseil d'Etat.

L'ordonnance du 31 juillet 1833 a été rendue dans les limites des pouvoirs conférés à l'administration et après l'accomplissement de toutes les formalités requises. Elle constitue un règlement d'administration publique qui ne peut être attaqué par la voie contentieuse. Dès lors, les requêtes présentées au conseil d'Etat ne pouvaient être admises. Elles furent rejetées par une nouvelle ordonnance en date du 23 juillet 1838.

1838. Les réclamants s'adressent au Ministre.

Les réclamants, informés de ce rejet, attaquèrent l'ordonnance de 1833 par la voie administrative. Ils s'adressèrent à M. le Ministre des travaux publics pour obtenir qu'elle fût rapportée.

En transmettant à M. le Préfet de l'Eure une copie de l'ordonnance du 23 juillet 1838 et le nouveau mémoire en date du 12 août de la même année, remis à M. le Ministre des travaux publics, au nom des sieurs Leboulleur, le Coulteux de Canteleu, marquis de Chambray, Aumont duc de Villequier, et autres en très-grand nombre, propriétaires de prairies sur l'Iton supérieur, M. le Directeur général des ponts et chaussées indiquait la marche à suivre dans cette circonstance. Aux termes de l'ordonnance de 1833, c'était à la commission syndicale qu'il appartenait de prendre l'initiative des propositions à faire pour modifier au besoin et améliorer l'ordre de choses existant. Il fallait donc prendre les mesures nécessaires pour que la commission pût agir.

Deux autres requêtes adressées : l'une à M. le Ministre des travaux publics, au nom de la dame de Courcy née Marc, des sieurs Patel, marquis de Champigny, marquis de Clermont-Tonnerre et autres propriétaires de prairies sur l'Iton inférieur et son affluent le Rouloir, tendant à faire réformer l'ordonnance de 1833 ; l'autre à Sa Majesté par les sieurs Roussel de Cintray, du Temple de Rougemont, Soulbieu et autres propriétaires de prairies sur le Mort-Iton et les ruisseaux des trous de Corne et de Botte, demandant que cette ordonnance ne leur soit pas appliquée, furent successivement transmises à M. le Préfet en janvier 1839 et juillet 1841 pour être soumises à l'examen de la commission syndicale.

Mais il n'était plus temps, cette commission s'était trouvée comme dissoute par suite de l'impossibilité dans laquelle on était de réunir les propriétaires intéressés et d'obtenir qu'une liste de candidats fût présentée par eux pour les places de syndic devenues vacantes.

D'un autre côté, le paiement des salaires des gardes, même pour les deux premières années d'existence de la commission syndicale, n'avait pu être effectué. Aux contraintes décernées contre les propriétaires des oppositions étaient formées devant le tribunal. Dans deux instances introduites par M. le marquis de Clermont-Tonnerre et par M. le marquis de Champigny, M. le Préfet avait été obligé d'élever le conflit. Deux ordonnances royales, en date du 4 septembre 1841, confirmèrent plus tard les arrêtés de conflit et déclarèrent comme non avenus les jugements du tribunal d'Evreux ; mais nonobstant, le recouvrement ne pouvait encore être opéré que pour les années auxquelles se rapportaient les listes de propriétaires dressées par la commission syndicale. Pour les autres années la révision de ces listes devenant impossible en l'absence de la commission, les rôles ne pouvaient plus être mis en recouvrement.

L'administration se trouvait donc paralysée dans les moyens d'action que l'ordonnance de 1833 semblait avoir mis à sa disposition.

M. le Préfet ayant, le 11 juin 1841, rendu compte de toutes ces difficultés à l'autorité supérieure, M. le Sous-Secrétaire d'état des travaux publics fit connaître, le 28 du même mois, que, sans qu'il fût déclaré qu'il était sursis à l'exécution de l'ordonnance qu'il convenait au contraire de maintenir jusqu'à ce que des changements eussent été obtenus, il y avait lieu, à défaut du concours de la commission syndicale, de procéder directement à la révision de l'ordonnance, suivant les formes prescrites par l'instruction ministérielle du 19 thermidor an VI et la circulaire du 16 novembre 1834, pour tous les cas où il s'agit de régler l'usage des eaux entre les divers intéressés à cet usage.

M. le Sous-Secrétaire d'état indiquait dans sa lettre que pour abréger et faciliter le travail il convenait de bien s'entendre sur les points litigieux dans une réunion des principaux intéressés, où les ingénieurs seraient appelés.

1841. Réunion préalable des principaux intéressés.

Commission d'examen des questions relatives à l'usage des eaux de l'Iton.

Les principaux intéressés ont été réunis à cet effet, le 11 août 1841, à l'hôtel de la préfecture. Dix d'entr'eux, dont cinq choisis par les propriétaires de prairies et les cinq autres par les propriétaires d'usines, furent constitués en commission et invités par M. le Préfet à émettre une opinion sur les modifications qu'il serait nécessaire de faire subir aux dispositions de l'ordonnance du 31 juillet 1833 et sur les bases à adopter pour la confection d'un nouveau règlement.

Cette commission composée de MM. le marquis de Clermont-Tonnerre, le marquis de Chambray, Patel, Soulbieu et Cheramy pour les propriétaires de prairies, et de MM. Renard, Palyart, Guillaume Petit, Cauchois et Quénescourt pour les propriétaires d'usines, sous la présidence de M. le marquis de Clermont-Tonnerre, et en présence de M. le Préfet ou de M. le Secrétaire-Général de la Préfecture, de M. Robillard, ingénieur en chef du département et de l'ingénieur soussigné, consacra douze séances, du 18 septembre au 28 décembre 1841, à l'examen des différentes questions que comportait l'objet de ses délibérations.

Le procès-verbal des délibérations de la commission est joint aux pièces qui accompagnent ce mémoire. Nous avons eu soin de lui annexer une analyse raisonnée très-propre à en faire bien connaître la substance. (1)

La commission par la nature même de sa composition ne pouvait, dans ce qui fait l'objet du litige, rien produire qui ressemblât, soit à une résolution, soit même à un vœu résultant de concessions mutuelles. Elle devait, dans les questions importantes qui touchent essentiellement aux intérêts si opposés des propriétaires d'usines et de prairies, se partager, nous ne dirons pas en deux camps, mais en deux catégories distinctes. Le procès-verbal de ses délibérations n'a donc pu que rapporter les opinions exprimées par les uns et par les autres sans rien conclure.

Ce procès-verbal est cependant bon à consulter en ce qu'il renferme un assez grand nombre de faits et toujours la réponse à côté des objections et allégations diverses qui ont été produites.

Nous aurons souvent l'occasion de le citer dans la suite de ce mémoire, et sans aucun doute il contribuera à éclairer l'administration sur plus d'une question.

Enquêtes de 1842.

Au mois de mars 1842, après que le travail de la commission eut été remis à M. le Préfet, des enquêtes furent ouvertes dans toutes les communes situées sur le cours de l'Iton et de ses affluents. Les propriétaires intéressés furent avertis qu'un délai de 20 jours leur était accordé pour présenter leurs observations au sujet des modifications dont les dispositions de l'ordonnance royale du 31 juillet 1833 leur paraîtraient susceptibles.

Toutes les pièces relatives à ces enquêtes, ayant été réunies, nous ont été communiquées vers la fin de 1842. Nous venions d'être chargé spécialement de tout ce qui concerne le service de la rivière d'Iton, et pour ce service nous étions appelé à remplir les fonctions d'Ingénieur en chef.

Devant seul donner notre avis comme ingénieur de la localité dans cette grave affaire, c'était une raison de plus pour n'agir qu'avec la plus grande circonspection et pour nous entourer de tous les renseignements nécessaires pour former notre opinion avec entière connaissance de cause sur les différents points de cette question si compliquée.

Curage général ordonné en 1843 avant la visite des lieux.

Il nous a paru d'abord qu'avant de procéder à la reconnaissance des lieux et du mode d'irrigation qui pouvait convenir à chaque partie de la vallée il fallait que la rivière fût partout rétablie dans son état normal.

---

(1) Ce procès-verbal a été imprimé séparément en 1841.

Son lit n'ayant pas été nettoyé depuis longues années était plus ou moins encombré de vase. Un curage général était indispensable : la commission de 1841 avait été unanime à ce sujet. Sur notre proposition ce curage fut ordonné, tant sur les bras forcés de Verneuil et de Breteuil par arrêté du 1er mai 1843, que sur toutes les autres parties du cours de l'Iton par arrêté du 12 du même mois.

Partage des eaux au Becquet.
—
Mesures relatives aux bras forcés de Breteuil et de Verneuil.

Ce travail important dont la dépense totale a dû s'élever à près de 100,000 fr. a été exécuté dans le courant de la campagne de 1843. Il reste peu de choses à faire pour le compléter.

Nous avons fait construire en même temps le déversoir destiné à opérer le partage des eaux en deux parties égales entre les deux bras forcés de Breteuil et de Verneuil, au lieu dit le Becquet. Cet ouvrage a très-heureusement mis fin aux discussions qui s'étaient élevées de nouveau, dans ces derniers temps, entre les divers intéressés, et notamment entre les villes de Breteuil et de Verneuil, au sujet du partage de l'Iton.

Des mesures ont aussi été prises pour régulariser, sur les bras forcés de Breteuil et de Verneuil, la tenue des eaux près des moulins et usines, la position et les dimensions des vannes, en conformité des règlements existants, qui sous ce rapport ne paraissent devoir rencontrer aucune opposition sérieuse ou motivée.

Visite officielle dans toute la vallée, en présence des parties intéressées.

Après quoi, nous avons, pour les quarante-quatre communes que traverse l'Iton sur le département de l'Eure, procédé officiellement à la visite des lieux en présence des parties intéressées dûment convoquées. Nos procès-verbaux d'accession de lieux font voir comment cette longue opération a été conduite. Nous avons d'abord rappelé et expliqué les dispositions principales de l'ordonnance du 31 juillet 1833 et des règlements existants. Nous avons indiqué comment dans l'état actuel des choses nous entendions que leur application devait être faite. Puis, après avoir fait le résumé des réclamations présentées pendant l'enquête de 1842, nous avons invité les parties présentes à nous soumettre toutes les observations nouvelles qu'un examen plus attentif aurait pu leur suggérer. A cet effet, nous avons, pour chaque commune, posé une même série de questions relatives à l'irrigation des prairies, qui comprend tout ce qui s'y rapporte.

Pour que l'on puisse mieux saisir l'ensemble des réponses faites à ces questions, nous les avons récapitulées sur un même tableau qui en contient également le résumé.

Nous avons aussi réuni sur un même état et en regard l'un de l'autre les résumés des observations présentées pendant les enquêtes de 1832 et de 1842.

Enfin, pour bien faire connaître la situation de chaque localité, nous avons figuré les différents cours d'eau dépendant de l'Iton, les prairies, les moulins et usines sur un plan détaillé de la vallée à l'échelle de 1 à 10,000.

Ces pièces et ce plan sont joints au présent mémoire. (1)

Avant d'entrer dans la discussion et l'examen des modifications à apporter à l'ordonnance de 1833, il nous resterait encore à faire l'analyse des requêtes adressées à M. le Ministre des travaux publics que nous avons mentionnées plus haut. Dans celles qui concernent soit la prairie de Verneuil, soit le Mort-Iton et les ruisseaux des trous de Corne et Botte, quelques observations

---

(1) Le plan produit n'est que l'abrégé d'un plan plus étendu, en 125 feuilles, à l'échelle de 1 à 2,500, qui représente en détail tout ce qui concerne l'irrigation et les usines, les barrages, les vannes de prise d'eau, les noms des propriétaires, etc.... Ce plan détaillé a été dressé et est conservé pour les archives de notre bureau.

nous ont paru fondées et nous aurons à en tenir compte ; mais dans la principale requête, celle qui a été présentée au nom des propriétaires riverains de l'Iton inférieur et dans l'écrit intitulé : Examen de l'ordonnance du 31 juillet 1833, qui l'accompagne, comme dans tous ceux qui ont été publiés sur le même sujet par les parties intéressées, il existe une telle confusion dans la manière dont les règlements anciens sont interprétés et appréciés, qu'il est difficile de suivre les auteurs de ces requêtes ou mémoires, et de démêler, dans une analyse, le bon d'avec le mauvais. Un simple exposé des faits en dira plus que toutes les explications que nous nous trouverions obligé de donner, et suffira pour justifier l'administration.

Nous ferons donc précéder la discussion des mesures d'utilité générale, ayant pour but l'amélioration du régime des eaux dans les différentes parties de l'Iton, d'une sorte de récit historique de tout ce qui a été fait pour la police des eaux de cette rivière, notamment en ce qui touche l'irrigation.

RÈGLEMENTS ANCIENS.

Règles admises sous l'ancienne législation.

La rivière d'Iton, sous l'ancienne législation, antérieurement à l'arrêt du conseil du roi du 20 mai 1749, qui autorise le flottage par trains sur le Rouloir et sur l'Iton inférieur, n'était considérée sur aucune partie de son cours comme rivière dépendant du domaine public. Elle appartenait aux seigneurs ; mais ceux-ci ne pouvaient s'en servir que selon les règles établies par les articles 206, 207, 208, 209 et 210 de la Coutume de Normandie.

Aux termes de l'article 206, le seigneur pouvait détourner l'eau courante en sa terre, pourvu que les deux rives fussent assises en son fief, et qu'au sortir de son fief il la remît en son cours ordinaire, et que *le tout se fît sans dommage d'autrui.*

C'est parce qu'il n'en était pas toujours ainsi sur la rivière d'Iton que de fréquentes discussions avaient lieu entre les seigneurs intéressés.

Premières et anciennes contestations relatives au partage de l'Iton entre les villes de Verneuil et de Breteuil, et au régime des eaux du bras forcé de Breteuil.

Après la cession faite par Louis XIV, en 1651, du comté d'Evreux et des domaines de Conches, Breteuil et Beaumont-le-Roger, à la maison de Bouillon, en échange de la principauté de Sédan, plusieurs actions furent intentées pour réprimer les abus. Au-dessous du point dit le Becquet, où la rivière d'Iton a été détournée de sa vallée naturelle, vers 1130, par Henri Ier d'Angleterre, pour être dirigée moitié sur Verneuil et moitié sur Breteuil, il importait surtout de veiller à ce que le partage ne se trouvât pas altéré par une tenue d'eau trop élevée ou par des saignées qui, en raison de la disposition des lieux, conduisaient dans l'ancien lit de l'Iton l'eau prise aux bras forcés. Sur la poursuite d'un sieur Chappey, fermier des moulins et étangs de Breteuil, dépendant du comté d'Evreux, une première sentence du vicomte de Breteuil, du 19 août 1660, condamna le sieur Allorge, propriétaire du moulin de Malicorne, situé en tête du bras forcé de Breteuil, à réduire les empallements et chaussées du plancher de son moulin à 2 pieds-de-roi (0^m 65) de hauteur, qui est celle que peut porter ladite rivière étant en son plein et en sa plus grande hauteur. Quelques années après, le duc de Bouillon ayant repris les poursuites, les habitants et échevins des villes de Verneuil et de Breteuil, plusieurs seigneurs, propriétaires riverains du bras forcé de Breteuil, et entr'autres le sieur Chevestre de Cintray, furent

Arrêt du parlement de Rouen du 2 juillet 1689.

mis en cause, et, après de longs débats, de nombreuses expertises et accessions de lieux, un arrêt solennel de la cour du parlement de Rouen intervint, sous la date du 2 juillet 1689. Cet arrêt, faisant droit sur le tout, mit fin à la contestation en réglant définitivement la hauteur de l'égrilloir (*autrement dit déversoir*) du moulin de Malicorne, le mode de réparation de l'ouvrage appelé le Becquet et des digues et chaussées du bras d'eau, les distances, hauteurs et largeurs des rigoles, le temps et la saison de les tenir ouvertes pour arroser les prairies (¹).

L'arrêt de 1689 est considéré comme arrêt de règlement.

Particulièrement en ce qui concerne l'espacement des rigoles, les temps et les saisons de l'irrigation, l'arrêt du parlement de Rouen du 2 juillet 1689 paraît avoir été considéré comme arrêt de règlement. C'est du moins ce qui résulte de nombreuses décisions postérieures qui toutes lui ont emprunté une ou plusieurs de ses dispositions.

Ainsi, l'on trouve dans les ordonnances rendues les 22 juillet 1732 et 19 avril 1742 par M. l'Intendant de Rouen, au sujet de la police à observer pour l'arrosement des prés situés le long des rivières de Maromme et de Cailly, que les propriétaires riverains desdites rivières, de quelque qualité et condition qu'ils fussent, ne devaient tenir leurs prises d'eau ouvertes que depuis 4 heures après midi, les veilles de fête et dimanche, jusqu'au lendemain à pareille heure (24 *heures comme dans l'arrêt de* 1689). Des ordonnances semblables furent rendues pour les rivières de Sainte-Austreberte et autres.

Un arrêt du conseil du roi du 9 juillet 1743 confirma ces dispositions et prescrivit la même police.

Le 4 juillet 1735, un arrêt contradictoire, rendu au parlement de Rouen, assujettit les riverains de la rivière du Torrent à ne se servir de l'eau que de la manière prescrite par l'arrêt de 1689.

En 1754 et 1756, mandement fut accordé par la cour du parlement de Rouen sur requêtes du duc de Bouillon, tendant à règlement et réformation de la rivière de Rille, par application de l'arrêt du 2 juillet 1689.

Le 15 juillet 1755, un arrêt du même parlement, rendu entre M. de la Guiche et les seigneurs de Coupsarts et Damble, tout en maintenant M. de la Guiche dans l'usage de toutes les rigoles qu'il avait fait pratiquer dans ses prairies, déclara que la saison et le temps de l'irrigation devaient être restreints en conformité de l'arrêt de 1689.

Ordonnance en réformation, du grand-maître des eaux et forêts de Rouen, du 21 mars 1758.

D'autre part, l'ordonnance en réformation, de M. le Grand-Maître des eaux et forêts de France, au département de Rouen, concernant la police à exercer pour la pêche et l'usage des eaux des rivières du ressort de la maîtrise de Pacy-sur-Eure, au bailliage d'Evreux, en date du 21 mars 1758, qui étend jusqu'à 36 heures par semaine le temps d'irrigation et jusqu'à 2 pieds la largeur des prises d'eau *suivant la possibilité des rivières*, reproduit, quant à l'espacement de ces mêmes prises d'eau et à la saison de l'irrigation, les mêmes indications que l'arrêt de 1689. C'est toujours une seule prise d'eau par 40 toises (78^m) et, suivant l'usage général, est-il dit, l'arrosement des premières herbes seulement, du 15 mars à la Saint-Jean. Nous ferons observer d'ailleurs que cette même ordonnance explique que l'extension donnée devait avoir lieu sans préjudice des dispositions des règlements particuliers, auxquels les riverains étaient assujetis d'ancienneté pour certaines parties de rivières.

Discussions entre le duc de Bouillon et le président de Boulainvilliers.

On trouve aussi que vers le même temps, à la suite d'une année d'extrème sécheresse pendant

---

(1) L'arrêt du 2 juillet 1689, en ce qui touche l'irrigation, décide que l'on ne pourra tenir les rigoles de prise d'eau en plus grande quantité qu'à proportion d'une par 40 toises de longueur; chacune desquelles ne pourra prendre que 6 pouces d'eau, tant en hauteur qu'en largeur: lesquelles ne pourront être ouvertes que depuis le 15 mars jusqu'au jour de Saint-Jean de chaque année, et seulement le samedi, depuis cinq heures du soir jusqu'au dimanche suivant à pareille heure (24 heures), pendant lesdits mois.

laquelle les habitants d'Évreux et le duc de Bouillon, à Navarre, avaient eu à souffrir d'une disette d'eau que l'on attribuait en grande partie à l'emploi abusif des eaux des rivières de Conches et d'Iton sur les prairies de Grenieuseville, d'Angerville et de Glisolles, appartenant alors à M. le président de Boulainvilliers, une requête ayant été présentée par M. le duc de Bouillon pour faire cesser les abus et réglementer tout le cours de la rivière, la cour du parlement de Rouen, en sa chambre de réformation, par arrêt en date du 14 août 1760, ordonna par provision que chacun des riverains des rivières de Conches et d'Iton, et particulièrement le président de Boulainvilliers, seraient tenus de se conformer à l'arrêt de 1689 et aux articles 206, 207 et 208 de la Coutume de Normandie, et autorisa le duc de Bouillon à faire boucher les prises d'eau pratiquées en contravention audit arrêt et aux articles de la Coutume.

Uu arrêt du 14 août 1760 enjoint au président de Boulainvilliers de se conformer au règlement de 1689.

Il est vrai que l'année suivante un nouvel arrêt du parlement de Rouen, en date du 20 juin 1761, reçut le président de Boulainvilliers opposant, appointa les parties en droit et accorda surséance de l'exécution de l'arrêt du 14 août 1760, ce qui fit que la contestation entre le duc de Bouillon et le président de Boulainvilliers se termina par une transaction, en date du 8 octobre 1761 ; mais il est à remarquer que cette transaction, du moins au point de vue de l'intérêt général, laisse la question entière en ce qui touche le temps et la saison de l'irrigation, que l'arrêt du 14 août 1760 avait reconnu devoir être, pour tout le cours de l'Iton, conforme à ce qui est prescrit par l'arrêt de 1689 ; et que dans ses conclusions sur l'instance de 1761, le substitut du procureur général près la cour du parlement avait exprimé l'opinion que le président de Boulainvilliers ne pouvait user des eaux, sur ses seigneuries de Grenieuseville, Angerville et Glisolles, que conformément aux dispositions de la coutume et du règlement de 1689.

Le parlement, sans rien préjuger, accorde surséance de l'exécution de l'arrêt du 14 août 1760, et une transaction du 8 octobre 1761 met fin au débat.

Une opinion semblable a été reproduite dans le Dictionnaire du droit normand (édition de 1781), par Houard, avocat, qui cite l'arrêt du 2 juillet 1689 comme arrêt de règlement pour l'irrigation, et mentionne l'arrêt du 14 août 1760 comme ayant adopté la même règle (1).

Opinions émises au sujet de l'arrêt de 1689.

Nous pouvons encore citer à ce sujet les explications données par M. Lavertu, ancien

---

(1) L'arrêt du 20 juin 1761 a bien accordé surséance de l'exécution de l'arrêt du 14 août 1760, mais sans rien préjuger. Il ne s'ensuit pas moins qu'à cette époque l'arrêt de 1689, auquel la cour du parlement s'en était référée, était regardé comme pouvant servir de base à tous les règlements.

À l'article : Prise d'eau, du Dictionnaire du droit normand, par Houard, il est dit :

La Coutume, art. 206, oppose trois conditions à la liberté qu'elle donne au seigneur de détourner une rivière : 1° que les deux rives soient en son fief ; 2° qu'au sortir de son fief il remette l'eau dans son cours ordinaire ; 3° que tout se fasse sans dommage d'autrui.

La Coutume ne donne donc pas au seigneur le droit d'absorber une partie des eaux d'une rivière qui coule dans son fief. Elle ne lui permet de la détourner que dans le cas où cela ne fera dommage à autrui, et ce terme autrui comprend tous ceux qui ont intérêt à la conservation de la rivière, vassaux et autres.....

Quoiqu'une rivière fasse partie du domaine d'une seigneurie, le seigneur ne peut pas en ôter l'usage aux riverains ni au public. Son droit est limité aux droits de pêche et de justice, à la faculté de bâtir des moulins et de faire passer la rivière par un autre endroit pour sa commodité ou son agrément. Quand on construit un moulin, on arrête bien l'eau pour quelques moments, mais on la rend sans diminution de son volume ; au lieu que celui qui prend l'eau pour arroser ses prairies ne la rend point ; elle ne rentre point dans le lit de la rivière, elle s'absorbe.

Il est pourtant du bien public que les prairies soient baignées, sans cela elles seraient stériles. Mais nous avons un règlement qui a parfaitement pourvu à l'utilité commune. C'est l'arrêt du 2 juillet 1689........, mattre des eaux et forêts, à Pacy-sur-Eure, dans une lettre écrite à M. Martel de la Vacherie, le 22 thermidor an v, dont copie se trouve dans les archives de notre bureau.

« L'arrêt du parlement dit de *Malicorne,* fait observer M. Lavertu, avait son entière exécution » sur toutes les rivières situées dans la maîtrise de Pacy, même dans la province.

» Entr'autres dispositions il autorise les propriétaires de prés à tirer l'eau des rivières pour » leur arrosement, tous les samedis de chaque semaine, depuis le soleil couché jusqu'au lundi » soleil levé, au préjudice des usines et moulins. Là se bornait leur droit. A l'exception de ce » temps, les propriétaires de prés ne peuvent en aucune manière jouir de l'eau. Les vannes qui » servent à l'arrosement doivent être strictement fermées. »

L'arrêt de 1689 est reste comme le point de départ et la base de tous les règlements.

Ne peut-on pas conclure de ce qui précède que sous l'ancienne législation, sauf l'extension donnée pour la largeur des prises d'eau et le nombre d'heures d'irrigation par semaine, suivant la possibilité des rivières, les règles admises, quant à l'espacement des rigoles, à la saison et au mode d'arrosement, étaient conformes aux prescriptions de l'arrêt de 1689, connu sous le nom d'arrêt de Malicorne, et que cet arrêt était dans la province comme le point de départ et la base de tous les règlements sur l'irrigation.

Plusieurs des dispositions de l'arrêt de 1689 ont été reproduites dans les nouveaux arrêtés et règlements concernant l'irrigation.

Il n'est pas étonnant dès lors que l'arrêt de 1689 ait été invoqué et que plusieurs de ses dispositions aient été reproduites dans la plupart des arrêtés, règlements et ordonnances rendus et promulgués, depuis la révolution, pour la police des eaux de l'Iton.

On remarque une certaine indécision et parfois quelques contradictions dans les premières mesures adoptées ; mais il est facile de voir que, tout en étendant ou modifiant les limites qui avaient été posées en ce qui concerne l'arrosement des prairies, l'on n'a pas cessé de tenir compte des prescriptions des anciens règlements. Pour que l'on puisse s'en convaincre, nous allons passer en revue les arrêtés généraux et particuliers relatifs à l'irrigation.

RÈGLEMENTS NOUVEAUX.

Arrêtés de l'an v et de l'an vi.

Un premier arrêté de l'administration centrale de l'Eure, du 25 floréal an v, avait enjoint de ne prendre l'eau pour l'irrigation dans les communes de Caër, Normanville et Saint-Germain-des-Angles, *qu'une seule fois par semaine et pendant* 24 *heures seulement.*

Un peu plus tard, le 28 fructidor an v, l'administration centrale ayant pensé que tout propriétaire riverain pouvait, en vertu du droit commun, faire des prises d'eau sur une rivière, et que la police qu'elle avait à exercer ne consistait que dans la fixation du niveau des eaux, rapporta l'arrêté précédent. L'année suivante, la même administration rendit un autre arrêté, en date du 27 germinal an vi, qui permettait d'arroser les prairies quatre fois par décade ; mais ces dispositions ne tardèrent pas à être rapportées et modifiées à leur tour : l'administration centrale, se fondant sur l'arrêté du directoire exécutif du 19 ventôse an vi, qui défend de détourner l'eau des rivières sans autorisation, décida, le 16 messidor de la même année, que nul ne pourrait prendre l'eau de la rivière flottable de l'Iton, ni des bras qui en dépendent, que les tridis et nonidis de chaque décade, depuis 5 heures du matin jusqu'à neuf heures du soir , 32 heures par décade, ce qui correspond à 24 *heures par semaine.*

Arrêté du 25 germinal an ix, applicable à toutes les rivières de l'Eure.

Vint ensuite l'arrêté préfectoral du 25 germinal an ix, qui a été approuvé par le ministre de l'intérieur le 7 prairial suivant. Cet arrêté s'applique à toutes les rivières du département de l'Eure. C'est le premier qui ait admis deux saisons pour l'irrigation, savoir : du 1er germinal (22 mars) de chaque année au 10 messidor (29 juin), et du 5 thermidor (24 juillet) au 1er vendémiaire (23 septembre). Il permet l'irrigation tous les sept jours, depuis 7 heures du soir jusqu'au surlendemain 3 heures du matin (32 heures). Il indique que, en cas d'insuffisance,. le préfet pourra fixer un ou plusieurs jours de plus par semaine, de 7 heures du soir au lendemain 3 heures du matin (8 heures par chaque jour supplémentaire), et qu'il sera fait dans chaque commune un règlement pour la division et subdivision des eaux.

Arrêté du 22 pluviôse an x, formant le règlement particulier de l'Iton. — Comme application de l'arrêté du 25 germinal an ix aux rivières de Rille et d'Iton, et pour en compléter les prescriptions, un arrêté particulier a été rendu le 22 pluviôse an x. Cet arrêté, qui a été considéré depuis comme formant le règlement de ces deux rivières, reproduit les mêmes dispositions que l'arrêté du 25 germinal an ix pour les saisons et le temps de l'irrigation. (1) Il porte, en ce qui touche les prises d'eau, qu'elles ne pourront avoir plus de 0m 33 de largeur, qu'elles seront espacées de 78 mètres, et que le seuil de leur vanne de tête sera placé à 0m 50 au-dessus du niveau naturel du lit de la rivière. (2)

Arrêté du 24 décembre 1808, spécial au bras forcé de Verneuil. — Les bras forcés de Verneuil et de Breteuil se trouvant dans une situation toute particulière, les règles admises pour les autres parties du cours de l'Iton ne leur ont point été appliquées. Un arrêté spécial, du 24 décembre 1808, a déclaré que le bras forcé de Verneuil devait être assimilé à celui de Breteuil. Aux termes de cet arrêté, les prises d'eau fixées à 78 m de distance l'une de l'autre dans les parties où l'irrigation peut avoir lieu sur le bras forcé de Verneuil ne peuvent avoir d'ouverture plus grande que celle d'un carré de 0m 162 (6 pouces), et ne doivent être ouvertes que du 15 mars au 24 juin de chaque année, tous les samedis de chaque semaine, depuis midi jusqu'au lendemain dimanche à pareille heure (24 heures).

L'arrêt de 1689 continue de régir le bras forcé de Breteuil. — Quant au bras forcé de Breteuil, l'administration a toujours entendu qu'il était régi définitivement par l'arrêt du 2 juillet 1689, qui, considéré comme arrêt de règlement ou du moins comme

---

(1) L'arrêté du 22 pluviôse an x ne contient aucune indication relativement, soit aux jours supplémentaires à accorder en cas d'insuffisance du temps fixé, soit aux règlements locaux à faire pour la division et la subdivision des eaux, mais il ne dit pas que l'on ne pourra point user de la faculté donnée sous ce rapport par l'arrêté du 25 germinal an ix. Or, il existe plusieurs exemples de l'application de cet arrêté à la rivière d'Iton. C'est ainsi que les arrêtés locaux du 6 mai 1806, pour les communes d'Arnières et de Bérengeville, du 30 mai 1806, pour les prairies appartenant à MM. Leconte et Pollet et à l'hospice d'Evreux, et du 25 mars 1807, pour les prairies du sieur Duvaucel, aujourd'hui M. Daubourg et madame Chapelain à Evreux, lesquels étendent et répartissent la durée de l'irrigation suivant les besoins de chaque localité et de chaque prairie, ont été rendus en conformité de l'arrêté du 25 germinal an ix et visent tout à la fois cet arrêté et celui du 22 pluviôse an x. Il en est de même de l'arrêté du 12 septembre 1816, concernant les prairies de Gravigny et de Normanville, qui a été annulé plus tard par décision ministérielle du 13 novembre 1821, pour une cause étrangère à la question dont il s'agit.

(2) Cette fixation, relative aux seuils des vannes, se rapporte à celle résultant des dispositions de l'arrêt de 1689, pour deux pieds de hauteur d'eau supposés en rivière. Cet arrêt accorde six pouces de hauteur de prise d'eau à partir de la surface, ce qui laisse aux rivières un pied et demi ou 0m50 de hauteur d'eau. On peut en conclure que les hauteurs de prise d'eau à accorder doivent être mesurées à partir de la surface de l'eau, et que la hauteur minimum de 0m30 au-dessus du fond du lit ne s'applique qu'aux parties de rivières qui ont deux pieds au moins de profondeur d'eau.

L'on doit d'ailleurs faire observer que, pour la partie de l'Iton comprise entre Condé et Villalet, un arrêté du 9 octobre 1819 a autorisé le placement des seuils de vannes de prise d'eau à 0m20 seulement au-dessus du fond naturel de la rivière.

modèle de règlement, a pu, dans les applications qui en ont été faites à d'autres rivières ou parties de rivières, être étendu et modifié dans ses dispositions, mais qui n'a pu cesser de régler les droits des propriétaires d'usines ou de prairies, riverains du cours d'eau pour lequel il a été rendu comme jugement d'un débat existant entre parties intéressées. C'est ce que l'arrêté préfectoral du 26 juillet 1826 est venu rappeler, en déclarant que les règlements nouveaux étaient relatifs aux autres parties de rivière, qu'il n'avait point été dérogé à l'arrêt du parlement du 2 juillet 1689 en ce qui concerne le bras de Breteuil, et que, sur ledit bras, la police devait continuer à être exercée en conformité des prescriptions de cet arrêt.

Ainsi, dans l'état actuel des choses, l'arrêt du parlement de Rouen du 2 juillet 1689 régit toujours le bras forcé allant du Becquet à Breteuil.

L'arrêté du 24 décembre 1808, qui a été rendu pour le bras forcé de Verneuil, est basé sur les mêmes principes et renferme les mêmes règles de police pour l'irrigation.

L'arrêté du 22 pluviôse an x, devenu le règlement particulier des autres parties de l'Iton, quoique plus large dans ses prescriptions relatives au mode d'irrigation, se rattache en certains points à l'arrêt de 1689. Il participe de cet arrêt et de l'ordonnance du 21 mars 1758 tout à la fois, en accordant de plus la deuxième saison d'irrigation.

L'ordonnance du 31 juillet 1833 a consacré tout à la fois l'arrêt de 1689 et les arrêtés du 25 germinal an ix, du 22 pluviôse an x et du 24 décembre 1808.

Ce sont ces trois règlements que mentionne et consacre l'ordonnance royale du 31 juillet 1833, dans son art. 1er, en disant qu'ils continueront de recevoir leur exécution sur le cours de l'Iton et de ses affluents, chacun, bien entendu, pour la partie de rivière à laquelle il se rapporte.

L'article 20 de la même ordonnance, en faisant une obligation de se conformer à l'arrêté d'interprétation du 26 juillet 1826, ainsi qu'à divers arrêtés généraux relatifs à la police de tous les cours d'eau du département, et entr'autres à celui du 25 germinal an ix (1), indique bien que l'on a entendu que l'arrêt de 1689 devait être considéré comme spécial pour le bras de l'Iton, allant du Becquet à Breteuil (2); qu'il est toujours admis que l'on doit faire, dans chaque commune, un règlement local pour la division et la subdivision des eaux destinées à l'arrosement des prés, et qu'en cas d'insuffisance pour certaines parties de la vallée du temps d'irrigation fixé, le préfet peut indiquer un ou plusieurs jours de plus par semaine.

MODE D'IRRIGATION SUIVI ET PRATIQUÉ.

Règlements anciens et nouveaux comparés entre eux et avec le mode d'irrigation suivi dans les différentes parties de la vallée.

Nous venons de faire voir, sur pièces, l'origine, la valeur et l'importance des règlements anciens et nouveaux sur la police des eaux de l'Iton, en ce qui concerne l'irrigation, leur corrélation et la part d'action conservée ou attribuée à chacun d'eux. Il n'est pas sans intérêt de comparer le résultat de cet examen avec celui que nous ont donné la visite des lieux et la constatation de l'ancien et du nouveau mode d'irrigation suivi dans les différentes parties du cours de l'Iton.

Le résumé des renseignements pris dans chaque commune et des réponses faites aux questions posées lors de nos accessions de lieux, que nous avons eu soin de récapituler sur un même

(1) Les autres arrêtés généraux, qui, d'après l'article 20 de l'ordonnance royale du 31 juillet 1833, restent applicables à l'Iton, sont ceux en date des 15 thermidor an viii, 6 fructidor an ix et 16 prairial an x, relatifs au curage, au faucardement, à la pose des repères et à la manœuvre des vannes des usines.

(2) Du moins, en ce qui concerne l'irrigation, car la partie de son dispositif qui se rapporte aux bois, racines et herbes à couper et aux berges et chaussées à réparer, peut et doit s'appliquer à tout le cours de l'Iton.

tableau joint au présent mémoire (1), met à même de faire cette comparaison avec toute l'exactitude possible. On y trouve que sur les bras forcés de Breteuil et de Verneuil l'irrigation se faisait autrefois comme aujourd'hui, pendant 24 heures de chaque semaine, du samedi midi au dimanche midi; que l'on arrosait généralement aux secondes herbes, sans que cela fût précisément consacré par l'usage, mais parce que c'était chose tolérée; que, cependant sur les communes de Gauville, Verneuil et Bâlines, on n'a commencé à arroser aux secondes herbes qu'à partir de 1817; que sur le bras de Breteuil au contraire on n'a cessé réellement, sous la nouvelle législation, d'arroser aux secondes herbes qu'à dater de 1826.

Dans la vallée de l'Iton proprement dite; en amont du Becquet où l'eau arrive d'en haut très-irrégulièrement; entre le Becquet et Condé où elle manque presque complètement à cause des dérivations de Verneuil et de Breteuil; sur les communes d'Authenay, les Minières et Damville, sur celles de Gaudreville, Glisolles, la Bonneville, Aulnay, Bérengeville et Arnières, et enfin sur la commune de Normanville, où les prairies appartenaient en grande partie aux seigneurs, l'irrigation avait lieu dans les saisons d'usage, mais sans aucune règle et au gré des propriétaires.

Sur toutes les autres communes l'on arrosait aux secondes comme aux premières herbes, mais le nombre d'heures employées à l'irrigation par semaine était généralement réglé. Entre Condé et Authenay, près de Damville, on ne prenait l'eau que 24 heures par semaine, du samedi midi au dimanche midi, comme sur le bras de Breteuil. Au-dessous de Damville jusqu'à Villalet, sur tout le cours du Rouloir, sauf à Glisolles, entre Arnières et Normanville et en aval de cette dernière commune, l'irrigation avait lieu du samedi soir au lundi matin pendant un espace de 36 heures par semaine.

Aujourd'hui, à l'exception de la partie supérieure au Becquet où les prairies ont peu d'importance et des communes de Gaudreville, Glisolles, la Bonneville, Aulnay et Normanville où elles en ont beaucoup et où l'on continue à arroser tout-à-fait arbitrairement et suivant certaines conventions arrêtées entre les propriétaires en dehors des règlements, on suit partout les saisons, jours et heures fixés par l'arrêté du 22 pluviôse an x, ou par les règlements locaux rendus en conformité de l'arrêté du 25 germinal an ix.

Pour le nombre et les dimensions des prises d'eau l'on s'est conformé, à quelques exceptions près, aux prescriptions de l'arrêt de 1689 et de l'arrêté du 24 décembre 1808 sur les bras forcés de Breteuil et de Verneuil. Sur toutes les autres parties du cours de l'Iton ou de ses affluents il existe sous ce rapport une grande irrégularité : les vannes ont généralement plus de 0^{m}33, beaucoup ont plus de 0^{m}65 et quelques unes plus de 1 mètre. Il existe aussi un grand nombre de prises d'eau sans vannes de tête.

L'on voit que les règlements n'ont jamais été exécutés bien rigoureusement; que sur beaucoup de points l'on usait des eaux arbitrairement et d'une manière plus ou moins abusive; mais cependant l'on retrouve dans l'usage suivi par le plus grand nombre une application soit de l'arrêt de 1689, soit de l'ordonnance de 1758. Pour les largeurs de vannes et le nombre d'heures d'irrigation par semaine, l'ordonnance de 1758 avait étendu les limites fixées antérieurement. Il n'est donc pas étonnant que beaucoup se soient empressés de s'en attribuer le bénéfice.

Donc, sous l'ancienne comme sous la nouvelle législation, c'est toujours, pour les bras forcés

---

(1) On a jugé inutile de joindre ce tableau récapitulatif au mémoire imprimé.

de Breteuil et de Verneuil, l'arrêt de 1689 avec une seule saison autorisée et 24 heures d'irrigation par semaine.

Pour les autres parties du cours de l'Iton, c'était anciennement les 24 heures par semaine de l'arrêt de 1689 ou les 36 heures de l'ordonnance de 1758 et une seule saison, bien que l'on en prît généralement deux. C'est aujourd'hui 32 heures avec addition, s'il y a lieu, d'un ou plusieurs jours, et les deux saisons consacrées par le règlement nouveau.

Pour la largeur des vannes c'était 0 ᵐ 16 (6 pouces) selon l'arrêt de 1689, et 0 ᵐ 65 (2 pieds) selon l'ordonnance de 1758; mais cette largeur de 0 ᵐ 65, considérée comme limite extrême, était à réduire suivant la possibilité des rivières, et aucune règle ne paraît avoir été établie à ce sujet pour l'Iton. Seulement, l'espacement devait, dans tous les cas, être au moins de 78 mètr. (40 toises). Aujourd'hui, aux termes de l'arrêté du 22 pluviôse an x, c'est toujours le même espacement de 78 mètres et une largeur maximum fixée à 0 ᵐ 33.

DESCRIPTION ET SITUATION DU COURS DE L'ITON.

La rivière d'Iton comprend plusieurs parties très-distinctes. Elle se divise d'abord en deux grandes sections dont la limite séparative est marquée par la disparition momentanée de ses eaux, dans l'espace situé entre Villalet et Gaudreville, où elle prend le nom de Sec-Iton.

Depuis quelques années des travaux d'étanchement, exécutés dans le lit du Sec-Iton, ont rétabli l'écoulement, à la surface du sol, des eaux de l'Iton dans cette partie de son cours qui n'a pas moins de 9.200 mètres de longueur, mais son volume s'y trouve encore réduit d'une quantité notable et ne peut d'ailleurs être employé à l'irrigation, à cause de la trop grande perméabilité des terrains riverains.

Dans les sources de Gaudreville, de Glisolles et de la Bonneville, l'Iton reparaît avec un volume, quadruple de celui de sa partie supérieure, et auquel vient s'ajouter encore celui du Rouloir. A Villalet, l'Iton n'a que 0 ᵐ 30 cubes au plus. A la Bonneville il se trouve avoir 2 ᵐ 40 cubes, et est devenu une rivière flottable par trains et dépendant du domaine public.

L'Iton supérieur et l'Iton inférieur forment donc, à vrai dire, deux rivières tout-à-fait différentes.

L'Iton supérieur lui-même se compose de plusieurs parties fort distinctes. Depuis la limite du département de l'Orne jusqu'au Becquet, il se maintient tout en entier dans sa vallée naturelle; mais, ainsi que nous l'avons fait connaître plus haut, il a été détourné de son cours à partir du Becquet pour être dirigé moitié sur Verneuil et moitié sur Breteuil (1). Le bras forcé qui conduit l'eau de l'Iton à Verneuil a été prolongé au-dessous de cette ville dans la vallée d'Avre jusqu'à Bâlines, où il se réunit définitivement à la rivière de ce nom.

Dans la partie de la vallée naturelle, dite de Saint-Nicolas, qui est située entre le Becquet et le confluent du bras forcé de Breteuil à Condé, la rivière, connue sous la dénomination de Mort-Iton, n'est alimentée que par le trop plein et l'égout des deux bras forcés et par les deux petits cours d'eau dérivés du bras de Verneuil au moyen des trous de Corne et de Botte.

Le cours de l'Iton supérieur se continue ensuite de Condé à Villalet et au-delà jusqu'à Gaudreville, en s'affaiblissant de plus en plus par les pertes d'eau qu'occasionne la perméabilité du sol.

---

(1) Les eaux de l'Iton ont été détournées dans le 12ᵉ siècle par Henri Iᵉʳ d'Angleterre, pour alimenter les fossés des fortifications de Verneuil et Breteuil construites vers cette même époque.

L'Iton inférieur comprend de son côté, outre les sources de Gaudreville, toute la partie flottable de l'Iton, le Rouloir, son principal affluent qui est également flottable à partir du chantier de Conches et tous les autres affluents jusqu'à la rivière d'Eure, à Acquigny.

Dans la vallée du Rouloir, dans celle de l'Iton jusqu'à Arnières et plus bas, à partir de Saint-Germain-des-Angles, il existe des sources plus ou moins abondantes; mais dans la partie intermédiaire sur les communes d'Evreux, Gravigny et Normanville, et particulièrement sur ces deux dernières, le sol de la vallée est très-perméable et le volume de la rivière tend plutôt à s'affaiblir qu'à augmenter.

Pour mieux faire connaître la situation et l'importance de chacun des cours d'eau dépendant de l'Iton qu'il s'agit de réglementer, nous avons rassemblé dans un même tableau les principaux renseignements statistiques qui s'y rapportent.

TABLEAU DU COURS DE L'ITON.

DÉSIGNATION DES COURS D'EAU.	LONGUEUR.	VOLUME.	PENTE de l'Iton.	PENTE des affluens et dériv.	NOMBRE d'usines.	Prairies arrosées	OBSERVATIONS.
Iton supérieur.							(a) Amont Verneuil. (b) Aval id.
Partie située entre la limite de l'Orne et le Becquet	6,000	Environ 0,70	10,06	»	6	62 h.	Quelques sources à Chaise-Dieu et à Bourth.
Bras forcé de Verneuil jusqu'à Bâlines	16,500	Jusqu'à Verneuil...... 0,30 / Au-dessous de Poëley. 0,60	jusq.rep. du m³ de laT.Grise	19,77	14	91(a) 64(b)	Jonction de partie de l'Avre et fontaine de Poëley.
Bras forcé de Breteuil	13,500	— 0,35	»	28,80	13	169	Les ruisseaux des trous de Corne et de Botte et le Mort-Iton reçoiv' en outre, pend. l'irrig., les égouts des bras forcés de Verneuil et de Breteuil.
Ruisseau du Trou-de-Corne	2,800	— 0,01	»	»	»	14	
Ruisseau du Trou-de-Botte	6,200	— 0,04	»	»	»	50	
Mort-Iton, entre le Becquet et Condé	14,500	Y compris les ruisseaux des trous de Corne et de Botte........... 0,05	28,80	»	2	169(1)	A partir d'Authenay et de Damville, terrain de plus en plus perméable.
Partie comprise entre Condé et Villalet	22,000	Se réd.success de 0,40 à 0,25	40,17	»	21	207	
Sec-Iton, de Villalet à Gaudreville	9,200	Se réd.success à 0,20,à 0,15, et souvent à......... 0,00	25,00	jusq. confl.	»	»	(1) Sur le Mort-Iton, une grande partie des prairies arrosent difficilement.
À reporter	90,700		104,03		56	826	
Iton inférieur.							(c) Amont Glisolles. (d) A Glisolles.
Le Rouloir	11,500	Au-dessus de Conches. 0,40 / Au-dessous s'élève à.. 0,90	» »	34,30	18	100(c) 45(d)	Sources du Vieux-Conches, fontaine de Conches et autres sources en aval.
L'Iton, jusqu'à la forge de la Bonneville	3,800	A partir du confluent de............. 0,90 à 2,40	5,49	à part. d.confl	»	91	Très-belles sourc. et font. à Glisolles et à la Bonneville.
L'Iton, de là à la limite supérieure de la commune d'Evreux	6,500	— 2,50	14,31	»	10	179	Quelques sourc. à Aulnay.
L'Iton, de là à la limite supérieure de Saint-Germain-des-Angles	12,000	— 2,50	24,09	»	32	241	A Gravigny, Normanville, terr. très-perm. L'Iton doit perdre de son vol. de ce côté.
L'Iton, de là à la rivière d'Eure, à Acquigny	16,000	S'élève de...... 2,50 à 4,00 successivement.	27,68	»	28	112(2)	Très-belles sourc. et font. à St-Germain, à Brosville et à Hondouville particulièrement.
	49,800		71,57		88	768	(2) De St-Germain-des-Angles à Acquigny il y a, en plus, 187 hect. de prairies qui n'arrosent pas.
De la limite de l'Orne à Acquigny, par Breteuil... 101,500 — *Report.*	90,700		104,03		56	826	
Id. par le Mort-Iton 102,500 — Total..	140,500		175,60		144	1,594	(3) Plusieurs nouv. usines ayant été créées, on peut dire, qu'en ce qui touche les contributions directes, il y a à peu près égalité.

Nota. En 1843, les prairies ont payé, de contributions foncières, soit.......... 32,250 fr.
Id. les moulins et usines ont payé, y compris les patentes, plus de. 30,000 (3)

3

DISCUSSION ET EXAMEN DES MESURES RÉGLEMENTAIRES.

C'est surtout en ce qui concerne la fixation des saisons et du temps à accorder pour l'irrigation des prairies, dans les différentes parties de la vallée, que les plus grandes difficultés se présentent, et que les discussions les plus vives se sont élevées. C'est aussi sur cette question, qu'il importe tant d'éclaircir, que nous porterons d'abord notre examen.

Les deux saisons actuelles, savoir, du commencement de mars à la Saint-Jean, et de la fin de juillet à la fin de septembre, ont été généralement admises comme devant être maintenues. Il a seulement été représenté que l'arrosement d'hiver pendant les mois de janvier et de février serait, sur certains points, très-avantageux aux prairies et pourrait être effectué sans nuire aux usines, et que d'un autre côté, pour quelques parties de la vallée, le temps d'arrosement, sans être augmenté, s'accorderait mieux avec les besoins de la végétation, si, finissant plus tôt aux premières herbes, il commençait plus tôt pour les regains.

Nous ne voyons aucun inconvénient à ce que l'on se réserve la possibilité d'étendre et de faire varier les limites des saisons de l'irrigation suivant ce qui vient d'être dit, toutes les fois qu'il n'en résultera aucun préjudice pour d'autres intérêts. Nous proposerons donc d'insérer dans le nouveau règlement une disposition spéciale à ce sujet.

Quant à la durée de l'irrigation dans chaque saison, c'est moins encore son défaut d'étendue que sa simultanéité obligée sur tout le cours de l'Iton qui la rend insuffisante. Nous allons indiquer comment elle peut être appliquée dans les différentes localités et quelles sont les parties de la vallée où il y a lieu d'ajouter un supplément de temps.

ITON SUPÉRIEUR.

Partie située entre la limite de l'Orne et le Becquet.

On aurait bien assez des 32 heures accordées par le règlement actuel du samedi soir au lundi matin, mais l'irrégularité du cours de l'Iton dans l'Orne et la diminution du volume de ses eaux à son entrée dans le département de l'Eure, pendant l'irrigation du dimanche, font que tout cet espace de temps ne peut être employé utilement et obligent souvent d'arroser en dehors du règlement. Pour régulariser cet état de choses et éviter l'inconvénient signalé, nous proposons de permettre que la durée de l'irrigation soit divisée en deux parties, l'une de 24 heures du samedi 8 heures du soir au dimanche 8 heures du soir, et l'autre de 8 heures à prendre dans un autre jour de la semaine.

Bras forcé de Verneuil.

Les eaux de ce dérivé de l'Iton commencent à se mêler aux eaux de l'Avre près de la Tour-Grise au bas de la ville de Verneuil. Plus loin dans la vallée de l'Avre la source de Poëley vient s'y joindre; mais, jusqu'à Bâlines où se fait la jonction définitive avec l'Avre, le canal qui conduit les eaux de l'Iton reste toujours bras forcé. Sauf sur une petite longueur entre le moulin de Bâlines et la jonction, où l'on arrose arbitrairement, l'irrigation des prairies, qui bordent ce bras forcé au-dessous de Verneuil, a toujours eu lieu du samedi midi au dimanche midi comme du Becquet à Verneuil. Au lieu d'arroser sur ce cours d'eau en conformité du règlement particulier de la vallée d'Avre en date du 8 ventôse an XII, on suit les règles adoptées pour le bras dérivé de l'Iton, au-dessus de Verneuil. Il est donc convenable de fixer dans le nouveau règlement la limite de l'Iton à sa jonction définitive avec l'Avre en aval du moulin de Bâlines.

Le temps de l'irrigation sur le bras de Verneuil, tel qu'il a été réglé par l'arrêté préfectoral du 24 décembre 1808 que consacre l'ordonnance royale du 31 juillet 1833, est de 24 heures par semaine du samedi midi au dimanche midi, et seulement du 15 mars au 24 juin de chaque année. Bien que l'arrêté de 1808 ne comprenne qu'une seule saison, nos procès-verbaux d'accession de lieux constatent que l'on a toujours arrosé aux secondes herbes sur les communes de Bourth, Francheville et Cintray, et que depuis 1817 on en fait autant sur les communes de Gauville, Verneuil et Bâlines, sans que les propriétaires d'usines eux-mêmes s'y soient opposés. Ceux-ci, il est vrai, ont demandé qu'en revanche la durée de l'irrigation ne fût pas augmentée; mais il est à considérer que si les 24 heures autorisées du samedi midi au dimanche midi peuvent suffire dans la partie supérieure du bras forcé en amont du Moulin-aux-Malades, il n'en est pas toujours de même en aval et notamment dans la prairie de Verneuil : en effet, lorsque le Moulin-aux-Malades vient à être arrêté pendant l'irrigation, l'Iton cesse de couler, et les propriétaires de prairies situées dans la vallée d'Avre, surtout lorsque l'eau de cette rivière leur manque, ne peuvent mettre à profit le temps fixé. Il est donc à propos que la durée de l'irrigation ne soit pas simultanée dans les deux parties du bras forcé de Verneuil et que les propriétaires inférieurs au Moulin-aux-Malades puissent commencer à arroser avant les propriétaires supérieurs. Nous pensons que l'on pourra concilier tous les intérêts en fixant le temps de l'arrosement sur le bras forcé de Verneuil à 24 heures par semaine, du samedi midi au dimanche midi jusqu'au Moulin-aux-Malades, et du samedi 6 heures du matin au dimanche 6 heures du matin, pour les prairies situées en aval de ce moulin jusqu'à la jonction définitive de l'Iton avec la rivière d'Avre à Bâlines.

Bras forcé de Breteuil.

On sait déjà que le bras forcé de Breteuil est régi par l'arrêt du parlement de Rouen du 2 juillet 1689, et que cet arrêt, qui a mis fin aux contestations qui s'étaient élevées anciennement sur la tenue et le régime des eaux de ce cours d'eau, a réglé définitivement les droits de chacun. Pour ce bras de rivière créé de main d'homme, dont la position ne permet pas que l'eau prise pour l'irrigation soit rendue à son cours et sur lequel il existe des établissements industriels fort importants, l'on doit bien se garder de remettre les choses en question. L'on doit admettre au contraire, dans l'intérêt public comme dans l'intérêt des tiers, qu'il y a décision irrévocable, à laquelle il ne pourrait être apporté de changement que du consentement mutuel des parties, et non sur la demande d'une seule catégorie d'intéressés.

La commission de 1841 (pages 36 à 39 du procès-verbal de ses séances), exprimant son opinion sur l'arrêt du 2 juillet 1689, a déclaré, à la majorité de sept voix contre deux, qu'il devait continuer d'être appliqué au bras forcé de Breteuil en observation constante des droits acquis.

L'usage s'étant établi sans réclamation de commencer l'irrigation le samedi à midi au lieu du samedi à cinq heures du soir, cette légère modification, qui ne blesse aucun intérêt, pourra être consacrée par le nouveau règlement; mais, du reste, toutes les prescriptions de l'arrêt du parlement du 2 juillet 1689 seront maintenues en ce qui concerne le bras forcé de Breteuil. L'arrosement fixé à 24 heures par semaine, du samedi midi au dimanche midi, ne pourra donc avoir lieu sur ce bras que du 15 mars à la Saint-Jean, et restera interdit pour les regains.

Ruisseaux des trous de Corne et de Botte, et Mort–Iton entre le Becquet et Condé.

La commission de 1841 (*pages* 55 à 58 *du procès-verbal de ses séances*), sans exprimer d'avis sur le règlement à appliquer aux ruisseaux des trous de Corne et de Botte, a recommandé à l'attention de l'administration l'examen des questions qui s'y rattachent.

L'arrêté du 24 décembre 1808 fixe les dimensions des trous de Corne et de Botte et met leur entretien à la charge des communes de Cintray, St-Nicolas et St-Ouen-d'Attez. Il indique par là que l'on a entendu que les cours d'eau auxquels ces deux prises d'eau donnent naissance étaient consacrés plus particulièrement à l'alimentation de ces communes (1).

C'est aussi ce que viennent alléguer les habitants des hameaux dépendants de Cintray, St-Nicolas et St-Ouen-d'Attez qui ont été privés du cours naturel de la rivière. Ils revendiquent ces deux cours d'eau comme leur ayant été donnés en dédommagement et devant être exclusivement destinés à leurs besoins domestiques et non à l'irrigation des terrains riverains. Les propriétaires de prairies représentent d'un autre coté qu'il y a eu concession faite par le roi au seigneur de Cintray, dans l'intérêt des propriétés de ce dernier, qui depuis n'ont pas cessé d'être arrosées par les cours d'eau dont il s'agit. Ils prétendent qu'en 1605 et 1616 le seigneur de Cintray fut condamné à faire des réparations, à titre de propriétaire, sur le trou de Botte dit alors du Houzot et que sa possession à cet égard se trouve mentionnée dans des inventaires ayant date de 1765 et 1769. Mais on leur objecte qu'en 1808 les trous de Corne et de Botte ayant été reconstruits à neuf, le propriétaire de la Pointillière, qui était aux droits de l'ancien seigneur de Cintray et alors maire de cette commune, ne fit point exécuter les travaux en son nom personnel, que la dépense fut au contraire mise à la charge des communes de Cintray, St-Nicolas et St-Ouen-d'Attez, dans la proportion fixée par l'article 3 de l'arrêté du 24 décembre 1808.

Quoi qu'il en soit de ces prétentions diverses, nous ferons remarquer que l'eau qui a pu être détournée, du bras forcé de Verneuil, en vertu d'une concession royale, n'appartient privativement à personne, que nul n'a le droit de s'en attribuer l'usage exclusif, et que l'administration peut toujours, si déjà elle ne l'a fait, en régler l'emploi, parce que placée en dehors et au-dessus des intérêts privés elle est spécialement chargée par les lois de 1790 de veiller à la conservation des cours d'eau. Si elle doit faire en sorte que les eaux servent à l'irrigation, elle doit aussi en assurer le libre écoulement afin qu'elles puissent satisfaire à d'autres intérêts.

Les prairies qui bordent les ruisseaux des trous de Corne et de Botte ont une étendue assez

---

(1) Un arrêté récent de M. le Préfet, en date du 31 avril 1844, a prescrit les mesures nécessaires pour régulariser la dépense des prises d'eau dites des trous de Corne et de Botte, en conformité de l'arrêté du 24 décembre 1808.

considérable, eu égard au volume de ces cours d'eau. Il en résulte qu'on se dispute l'eau et qu'on la prend à toute heure au détriment des habitants des hameaux de Cintray, St-Nicolas et St-Ouen-d'Attez, qui dans les temps de sécheresse en sont privés complètement. On la prend non seulement pour les premières herbes, mais encore pour les regains, contrairement aux anciens règlements.

Il y a donc de nombreux abus de ce côté. On l'a reconnu pendant l'enquête, car il nous a été déclaré, à Cintray, lors de notre accession des lieux, qu'en régularisant l'état actuel de choses l'on pourrait restreindre le nombre de jours et d'heures employés à l'irrigation sans faire tort aux prairies.

L'on doit avant tout pourvoir aux besoins domestiques. — Nous pensons que l'on doit avant tout pourvoir aux besoins domestiques des hameaux des communes de Cintray, St-Nicolas et St-Ouen-d'Attez. Cela résulte des termes mêmes de l'arrêté du 24 décembre 1808. L'alimentation des villages doit passer avant l'irrigation des prairies; mais l'intérêt des habitants une fois satisfait, les propriétaires doivent pouvoir user de l'eau aussi largement que possible pour l'amélioration de leurs propriétés. Il y a donc nécessité de faire un règlement local pour l'emploi et la subdivision des eaux des ruisseaux des trous de Corne et de Botte, et tout ce que l'on peut dire dans le règlement général c'est que le temps de *l'arrosement sera fixé à autant qu'il pourra en être utilisé, sans nuire à l'alimentation des villages.* l'arrosement sera fixé à autant qu'il pourra en être utilisé par semaine pendant les deux saisons, sans nuire à l'alimentation des villages de Cintray, St-Nicolas et St-Ouen- d'Attez.

Les mêmes règles devront être adoptées pour le Mort-Iton qui, entre le Becquet et le confluent du bras forcé de Breteuil à Condé, ne reçoit que l'eau fournie par les prises d'eau des trous de Corne et de Botte, et par l'égout et le trop plein des parties supérieures de chacun des bras forcés.

Partie comprise entre Condé et Villalet et Sec-Iton, de Villalet à Gaudreville.

De Condé à Villalet et au-dessous, 24 heur. du samedi midi au dimanche midi, plus 8 h. le mercredi, commençant à midi en amont de Damville et à 8 h. du matin en aval. — Le tableau du cours de l'Iton indique que sur l'Iton supérieur il n'existe qu'un petit nombre de sources que l'on rencontre sur Chaise-Dieu-du-Theil et Bourth, à Breteuil et à Condé; que néanmoins le sol n'est généralement pas perméable jusqu'à Authenay, et que c'est surtout à partir de Damville et au-dessous, vers le Sec-Iton, qu'il devient très-absorbant et que les bétoires se montrent en plus ou moins grande quantité dans la vallée.

Autrefois, l'irrigation avait lieu au-dessous de Condé, sur Gouville, Blandey et Roman pendant 24 heures seulement du samedi midi au dimanche midi, sur Authenay, les Minières et Damville, à peu près arbitrairement, sur Coulonges, le Sacq, Manthelon, Villez et Villalet pendant 36 heures du samedi 6 heures du soir au lundi 6 heures du matin. Sa durée est aujourd'hui la même pour chaque commune: elle est de 32 heures par semaine du samedi 7 heures du soir au lundi 3 heures du matin, conformément au règlement du 22 pluviôse an x, et pendant cet espace de temps chacun prend l'eau à son gré et non successivement.

Cet arrosement simultané dans une vallée dont la plus grande partie et surtout la partie inférieure se compose d'un terrain absorbant ne peut produire un bon résultat. Le volume de la rivière se trouve bientôt tellement affaibli que l'on ne peut plus arroser. On demande généralement que l'irrigation se fasse en deux fois et que l'on accorde des heures différentes au-dessous de Damville.

Dans l'état actuel des choses l'irrigation commence au-dessous de Condé 7 heures plus tard qu'au-dessus. C'est déjà un inconvénient. Nous proposerons de faire commencer à la même heure, et de ne donner à l'irrigation du samedi au dimanche que 24 heures de durée comme sur le bras forcé de Breteuil, du samedi midi au dimanche midi.

On compléterait la durée de l'arrosement par huit autres heures à prendre le mercredi de midi à 8 heures du soir entre le confluent du bras forcé à Condé et Damville et de 8 heures du matin à 4 heures du soir à Damville et au-delà.

En choisissant ainsi un jour où l'eau se renouvelle mieux d'en haut et en faisant commencer à Damville et en aval 4 heures plus tôt qu'en amont, on rendra l'arrosement des prairies plus facile dans la partie inférieure, sans que les propriétaires de moulins puissent avoir à se plaindre de ce côté, puisque pour eux la durée totale de l'irrigation ne sera encore que de 36 heures comme autrefois, selon l'ordonnance du grand-maître des eaux et forêts de Rouen du 21 mars 1758.

L'irrigation des secondes herbes ne devant pas avoir lieu sur le bras forcé de Breteuil, elle se fera d'autant mieux au-dessous de Condé, surtout si la répartition des eaux et la subdivision du temps fixé sont bien établies dans les règlements locaux qui seront dressés pour cette partie de vallée.

ITON INFÉRIEUR.

Le Rouloir, affluent principal de l'Iton.

Le Rouloir, au-dessus des fontaines de Conches, 52 heur. dont 24 h. à partir du samedi midi et 8 h. un autre jour. Au - dessous des fontaines, 56 h. à partir du samedi 8 h. du mat.

Le Rouloir prend naissance aux sources du Vieux-Conches, dans la vallée du ruisseau du Lemme, qui se perd vers Ste-Suzanne. Entre le Lemme et le Rouloir, sur une étendue d'environ 16 kilomètres à travers les forêts de Breteuil et de Conches, il n'existe dans le fond de la vallée qu'un ravin dont le lit est habituellement à sec et qui s'efface même complètement à une grande distance en amont du Vieux-Conches. Nous n'avons à considérer ici que la partie de vallée faisant suite à celle du Lemme, qui se trouve baignée par le Rouloir.

De nouvelles sources viennent grossir le Rouloir aux fontaines de Conches et plus en aval sur les communes de Saint-Elier et de la Croisille. A partir du lieu dit le Chantier de Quenet sous Conches, le Rouloir est flottable et peut porter les trains de bois de charpente des forêts environnantes.

Bien que le règlement actuel n'accorde que 32 heures, l'irrigation des prairies de la vallée du Rouloir, jusques et y compris les prairies de Grenieuseville, a continué d'avoir lieu 36 heures par semaine, du samedi 6 heures du soir au lundi 6 heures du matin. Au-dessus des fontaines de Conches, chacun arrose comme il peut pendant les 36 heures et souvent même dans la semaine en dehors du règlement lorsque l'eau a manqué le dimanche. Au-dessous des fontaines il est d'usage de prendre l'eau chacun à son tour.

On réclame généralement, comme pouvant suffire, le maintien des 36 heures d'irrigation par semaine dans les deux saisons. On voudrait seulement que le jour fût changé au-dessus des fontaines, parce que la forge des Vaux-Gouins ne marchant pas le dimanche, la rivière ne fournit pas assez de ce côté pour l'irrigation.

Au-dessous de Grenieuseville l'irrigation des prairies de Glisolles a lieu sur le Rouloir comme sur l'Iton, sans aucune règle et uniquement au gré du propriétaire. Nous en ferons l'objet d'un examen spécial.

Nous ne voyons aucun inconvénient à ce que l'on accorde aux prairies situées au-dessus des fontaines de Conches 8 heures d'irrigation séparées pendant la semaine. Nous proposerons aussi de faire commencer plus tôt l'irrigation du samedi. On prendrait au-dessus des fontaines de Conches 24 heures seulement du samedi midi au dimanche midi. Au-dessous de ces mêmes fontaines on aurait 36 heures du samedi 8 heures du matin au dimanche 8 heures du soir.

De cette manière l'irrigation supérieure nuirait moins à l'irrigation inférieure, et l'on pourrait profiter dans la journée dusamedi des éclusées de la forge des Vaux-Gouins.

Partie située sur les communes de Glisolles, Gaudreville et la Bonneville, jusqu'à la forge de la Bonneville.

Prairies de Glisolles, Gaudreville et la Bonneville jusqu'à la forge.

Les prairies situées sur Glisolles, Gaudreville et la partie supérieure de la commune de la Bonneville appartiennent à un même propriétaire, M. le Marquis de Clermont-Tonnerre. Nous avons fait connaître plus haut qu'à la suite de discussions très-vives, entre M. le Président de Boulainvilliers, auteur de M. le Marquis de Clermont-Tonnerre, et M. le Duc de Bouillon, propriétaire de l'ancien domaine de Navarre, la cour du parlement de Rouen avait, par arrêt du 14 août 1760, ordonné par provision que chacun des riverains des rivières de Conches et d'Iton et particulièrement le président de Boulainvilliers, seraient tenus de se conformer à l'arrêt du 2 juillet 1689 et aux articles 206, 207 et 208 de la Coutume de Normandie; mais que l'année suivante, sur l'opposition formée par le président de Boulainvilliers, un nouvel arrêt de la cour, en date du 20 juin 1761, ayant appointé les parties en droit et accordé surséance de l'exécution de l'arrêt du 14 août, la contestation entre le duc de Bouillon et le président de Boulainvilliers s'était terminée par une transaction en date du 8 octobre 1761.

Transaction de 1761: elle n'a point été homologuée par le parlement

Cette transaction s'appliquait particulièrement aux prairies de Grenieuseville, ce qui n'empêcha pas les parties d'y déclarer qu'elles se désistaient réciproquement de toutes les demandes par elles formées, et qu'elles consentaient que leur procès demeurât éteint et assoupi entr'elles, tant sur les objets expliqués dans la transaction que sur tous ceux qui faisaient la matière des réclamations du duc de Bouillon. Ladite transaction devait être soumise à l'homologation de la cour du parlement, qui, en statuant sur son contenu dans l'intérêt des parties, aurait pu en étendre et en compléter les dispositions, et, par un même règlement, satisfaire à l'intérêt public. Il n'en a point été ainsi et dès lors la transaction de 1761, qui n'oblige que les signataires ou leurs représentants, ne peut aujourd'hui être invoquée comme un titre de concession valable. Nous rappellerons d'ailleurs qu'elle ne contient aucune indication, et que l'on n'en peut rien induire en ce qui concerne la durée de l'irrigation, que l'arrêt du 14 août 1760 avait reconnu devoir être, pour les rivières de Conches et d'Iton, conforme aux prescriptions de l'arrêt de 1689, c'est-à-dire de 24 heures par semaine et que l'ordonnance du grand-maître des eaux et forêts de Rouen, sur la police des rivières de la maîtrise de Pacy, avait porté à 36 heures au plus, sans préjudice des dispositions des règlements particuliers.

Autres transactions, de 1676 et de 1718, entre les seigneurs de Glisolles et de la Bonneville.

Il est vrai que d'après deux autres transactions passées les 23 septembre 1676 et 23 mai

1718 entre les seigneurs de la Bonneville et de Glisolles, ce dernier a pu détourner l'eau de la rivière de Conches au-delà de son fief, créer de nouvelles prairies et n'être tenu envers le seigneur de la Bonneville de rendre l'eau en amont de la retenue de la forge que pendant 2 jours de la semaine, le lundi et le vendredi, de 6 heures du matin à 6 heures du soir ; mais ce ne sont là encore que des conventions particulières qui ne peuvent lier que les parties. Les obligations qui en résultent n'engagent point les tiers, bien moins encore l'administration procédant par voie de règlement dans des vues d'intérêt général.

On ne peut d'ailleurs arguer de faits de possession pour s'attribuer le droit d'user des eaux à son gré. L'administration qui est chargée de veiller au bien commun est seule investie du droit de régler l'usage et l'emploi des eaux courantes et c'est pour elle un devoir d'intervenir pour fixer la quotité des prises d'eau, les jours et la durée des irrigations.

En ce qui concerne l'irrigation des prairies de Glisolles, de Gaudreville ou de la Bonneville, M. le Marquis de Clermont-Tonnerre ne peut donc faire valoir aucun acte, ni produire aucun titre qui mette obstacle à l'exercice du droit de réglementer, qui est conféré à l'administration.

Puisqu'il s'agit de faire en quelque sorte la part de chacun, il faut bien tenir compte des intérêts existants ; mais on ne doit le faire que dans de justes limites et sans perdre de vue le but d'utilité générale que l'on se propose.

M. le Marquis de Clermont-Tonnerre s'est jusqu'ici soustrait à l'application des règlements tant anciens que nouveaux. Ses fermiers disposent de l'eau comme bon leur semble et arrosent tous les jours de la semaine. Ils ne s'en dispensent pas même les lundi et vendredi, qui pourtant avaient été réservés dans l'intérêt de la forge de la Bonneville dans la transaction de 1718. Cet état de choses, qui souvent donne lieu à des plaintes, soit à la forge, soit au-dessous, ne peut être maintenu. Pour qu'il n'y ait pas abus il faut de toute nécessité qu'une règle soit admise et que le temps de l'irrigation soit fixé. Nous avons dit qu'il serait de 36 heures par semaine du samedi 8 heures du matin au dimanche 8 heures du soir pour les prairies de Grenieuseville, et au-dessus à partir des fontaines de Conches. Ce même espace de temps devra être attribué aux prairies dont il s'agit ici ; mais comme le Rouloir, épuisé par les irrigations supérieures, ne fournirait pas pendant les 36 heures, du samedi au dimanche, toute l'eau nécessaire pour l'irrigation de ces prairies qui ont une très-grande étendue, nous proposerons d'ajouter un supplément de 24 heures à prendre les mardi, mercredi et jeudi de 8 heures du soir au lendemain 4 heures du matin. La durée totale de l'irrigation se trouverait ainsi portée à 60 heures.

Il ne nous paraît pas possible de faire davantage pour l'irrigation des prairies de M. le Marquis de Clermont-Tonnerre, mais nous pensons que, sans blesser aucun intérêt, on peut aller jusque-là.

Il est à considérer en effet que deux sources très-abondantes dites de la Tête des vieux Prés et de la Fosse aux Dames, qui sont situées sur la propriété de M. de Clermont-Tonnerre, et un grand nombre d'autres existant dans l'étang de la Bonneville, ne sont point employées à l'arrosement des prairies. Le Rouloir et la rivière d'Iton, sortie des sources de Gaudreville, servent seuls à l'alimentation des canaux d'irrigation. La plus belle part reste intacte et se trouve ainsi réservée au profit des propriétaires inférieurs.

Depuis la forge de la Bonneville jusqu'à la limite supérieure de la commune d'Evreux.

Entre ces deux points, la rivière d'Iton traverse et parcourt la partie inférieure de la commune de la Bonneville et tout le territoire des communes d'Aulnay, de Bérengeville et d'Arnières.

Anciennement, l'irrigation s'y faisait arbitrairement. Encore aujourd'hui sur la Bonneville en aval de la forge et sur la commune d'Aulnay, chacun arrose à son gré. Le terrain est de ce côté peu absorbant; il contient même plusieurs sources; mais bien que les inconvénients d'une irrigation désordonnée s'y fassent moins sentir qu'ailleurs, ils n'en sont pas moins réels et, pour faire cesser tout abus, l'on doit soumettre à une règle fixe le temps et la durée des arrosements.

Règlement local des communes de Bérengeville et d'Arnières du 6 mai 1806.

Dans les communes de Bérengeville et d'Arnières l'irrigation a lieu deux fois par semaine le lundi et le vendredi, de 2 heures du matin à 10 heures du soir, 20 heures chaque fois, en conformité d'un arrêté préfectoral en date du 6 mai 1806. Cet arrêté a été rendu, comme par application de celui du 25 germinal an ix. Il s'écarte cependant sous plusieurs rapports des prescriptions de ce règlement général qui permet bien de porter de 32 heures à 40 la durée de l'irrigation, mais qui n'autorise pas à en changer la répartition dans chaque semaine, ni à faire commencer au 1er février au lieu du 22 mars la saison d'arrosement des 1res herbes.

En accordant 20 heures le lundi et 20 heures le vendredi, au lieu de 32 heures du samedi au dimanche et 8 heures seulement un autre jour de la semaine, on a fait une chose avantageuse aux prairies de Bérengeville et d'Arnières; mais l'on a accru d'une manière fort sensible les variations et les intermittences du régime des eaux par les prises d'eau qui s'effectuent pendant ces deux nouveaux jours, en plus de celui fixé par le règlement, que l'on suit en amont sur le Rouloir, et en aval sur la commune d'Evreux et au-dessous.

Il y a lieu de maintenir l'irrigation du lundi et du vendredi, accordée par le règlement de 1806, en la réduisant à 36 h. au lieu de 40 h., à 18 h. le lundi et 18 h. le vendredi, de 4 h. du matin à 10 h. du soir.

D'un autre côté, puisqu'il a été reconnu que le jour ordinaire de l'arrosement serait insuffisant pour les prairies de Bérengeville et d'Arnières, qui ont une très-grande étendue, et puisque le temps a consacré le règlement local du 6 mai 1806, dont le maintien est vivement réclamé, nous pensons que l'on ne doit pas revenir sur ce qui a été fait. Nous ferons observer seulement qu'il est peu convenable, et d'ailleurs inutile, de fixer à 2 heures du matin le commencement de l'irrigation qui, de fait, n'a lieu qu'à 4 heures, et que l'on peut ainsi en réduire la durée à 36 heures sans inconvénient pour les propriétaires de prairies.

Cette même durée de 36 heures en deux fois et par 18 heures chaque fois de 4 heures du matin à dix heures du soir, les lundi et vendredi de chaque semaine, qui suffit à Bérengeville et à Arnières, pourra suffire à plus forte raison à Aulnay et au-dessus depuis la forge où il y a moins de prairies.

Sur la Bonneville, au-dessous de la forge et sur Aulnay, l'irrigation sera réglée comme à Bérengeville et Arnières.

Nous proposerons donc d'assujettir à la même règle, en ce qui touche la durée de l'irrigation, toute la partie de rivière que nous envisageons ici.

Quant à la première saison de l'arrosement, que l'arrêté de 1806 fait commencer au 1er février, contrairement aux anciens usages et aux arrêtés du 25 germinal an ix et du 22 pluviôse an x, nous estimons que l'on doit s'en tenir de préférence à la fixation d'époque admise généralement, sauf à user en faveur des communes de Bérengeville et d'Arnières de la faculté qui sera réservée à cet effet, selon les formes conservatrices que renfermera le nouveau règlement.

4

Sur les communes d'Evreux, de Gravigny et de Normanville.

Sol perméable à Evreux et particulièrement à Gravigny et à Normanville.

Le sol de la vallée devient très-perméable sur Evreux, Gravigny et Normanville, et particulièrement dans ces deux dernières communes. Il n'y a pas de bétoires proprement dits, mais en beaucoup d'endroits l'eau est promptement absorbée, et il arrive que, pendant que l'on arrose à Gravigny et à Normanville, la rivière cesse de couler en aval. Sur les communes d'Evreux et de Gravigny l'irrigation des prairies paraît avoir toujours eu lieu du samedi soir au lundi matin. Elle est de 32 heures par semaine, conformément au règlement du 22 pluviôse an x. Quelques parties de prairies seulement ont été admises, en raison de leur contenance et de leur situation, à profiter des dispositions de l'arrêté du 25 germinal an ix, qui permettent de donner plus d'extension au temps consacré à l'arrosement. Telles sont sur Evreux les prairies de M. Duvaucel représenté aujourd'hui par madame veuve Chapelain et les héritiers Daubourg, à qui l'arrêté du 25 mars 1807 accorde un supplément de 8 heures, le jeudi de 8 heures du soir au lendemain 4 heures du matin. Telles sont encore à Gravigny les prairies de Saint-Nicolas appartenant aux héritiers le Conte et Pollet et à l'hospice d'Evreux, qu'un arrêté préfectoral du 30 mai 1806 a permis d'arroser dans les saisons d'usage, deux fois par semaine, du mardi au mercredi et du vendredi au samedi.

Prairies Duvaucel à Evreux. Arrêté du 25 mars 1807 qui accorde un supplément de 8 h.

Prairies de St-Nicolas à Gravigny. Arrêté du 30 mai 1806 qui permet d'arroser deux fois par semaine.

Il existe aussi à Gravigny une prairie de nouvelle création, de la contenance de 14 hectares environ, ayant appartenu dans l'origine à M. Lecouturier de Courcy, puis à M. Duhamel et aujourd'hui à M. Havé, de Rouen, pour laquelle on se croit en droit de prendre l'eau plusieurs fois par semaine. Ce que l'on fait sans aucune règle et d'une façon tout-à-fait abusive.

Prairie de 14 hectares de M. Lecouturier de Courcy, aujourd'hui M. Havé.

Le sol de cette prairie est extrêmement perméable, c'est là que les pertes d'eau par infiltration commencent à se faire sentir au-dessous d'Evreux de la manière la plus dommageable pour les propriétaires inférieurs.

Décret du 10 mars 1807 autorisant une prise d'eau sur l'Iton.

Nous allons faire connaître de suite ce qui a été autorisé et ce qui peut être fait pour la propriété dont il s'agit. M. Lecouturier de Courcy ayant demandé le 27 nivôse an xii à convertir en prairie 14 hectares de terre labourable sis à Gravigny au moyen d'une prise d'eau pratiquée dans la rivière d'Iton au-dessus du moulin d'Huest, décret impérial fut rendu sur l'objet de sa demande le 10 mars 1807. Ce décret autorise la prise d'eau : il indique qu'elle aura lieu par trois déversoirs laissant passer le trop plein des eaux, qui étant ainsi détournées seront rendues à la rivière à 800 mètres en aval.

A la suite de nombreuses discussions entre les propriétaires des usines inférieures et M. Lecouturier de Courcy il a été convenu et décidé qu'il serait accordé une vanne de 1 mètre de largeur avec seuil à $0^m 50$ au-dessus du fond de la rivière à ouvrir seulement aux jours fixés pour l'irrigation, et que les trois déversoirs, d'une longueur ensemble de 8 mètres, seraient arrasés non pas à la hauteur de la surface des eaux correspondant au repère, mais de niveau avec ce même repère, ce qui en raison de leur distance de l'usine donne lieu à un écoulement de superficie assez notable (1),

---

(1) Au commencement de cette année, il a été constaté que pendant que le repère de la filature de Gravigny, qui remplace l'ancien moulin de Huest, était trop haut de $0^m 02$, les déversoirs étaient trop bas, savoir : le 1er, situé à 70 mètres de l'usine, de $0^m 012$; le 2e, sis à 200 mètres plus en amont, de $0^m 041$, et le 3e, à 50 mètres encore

Le décret comporte la concession d'un courant d'eau continu.

Il y a donc, indépendamment de la prise d'eau à ouvrir seulement aux jours fixés pour l'irrigation, concession d'un courant d'eau continu à travers la propriété à convertir en prairie; mais ce courant d'eau doit, aux termes du décret du 10 mars 1807, être rendu à la rivière et suivre une direction déterminée. Son cours a été dirigé de manière à faciliter l'irrigation de la prairie à créer, mais cela ne veut pas dire que le propriétaire pourra user de l'eau à son gré, au risque de l'absorber tout entière. Le décret ne concède pas le droit de prendre toute l'eau jugée nécessaire pour convertir 14 hectares de terre labourable en prairie. Dans ce décret et dans les décisions postérieures l'on s'est attaché seulement à déterminer les dimensions des orifices et la direction du canal de dérivation. Il a été arrêté en ce qui concerne la vanne de tête qu'elle ne pourrait être ouverte qu'aux jours fixés pour l'irrigation, et il doit être sous-entendu, en ce qui touche le cours d'eau continu dirigé à travers la prairie à condition d'être rendu à la rivière, que l'on ne pourra s'en servir pour l'arrosement que suivant ce qui aura été déterminé, en conformité de l'arrêté du 22 pluviôse an x particulier à la rivière d'Iton, ou de l'arrêté général du 25 germinal an ix qui permet d'étendre l'arrosement, mais qui prescrit de le régler. Si une irrigation conforme au règlement ne permet pas de maintenir 14 hectares de terre à l'état de prairie, c'est au propriétaire à réduire l'étendue de cette prairie; mais dans aucun cas l'on ne peut admettre que l'eau introduite dans le canal de dérivation aura son cours continuellement intercepté par les retenues et les prises d'eau d'irrigation.

L'irrigation doit être réglée. L'eau de la dérivation ne peut avoir son cours continuellement intercepté.

Nous n'avons pas besoin d'ajouter que le décret du 10 mars 1807 contient la clause ordinaire de révocation qui donne à l'Etat toute liberté pour réduire, suspendre ou supprimer la dérivation autorisée, sans que le concessionnaire puisse prétendre à aucune indemnité, et que dès lors le droit de réglementer et de fixer la durée de l'irrigation de la prairie de M. Havé ne peut sous aucun rapport être contesté à l'administration.

Pour Evreux et Gravigny 36 heures par semaine à partir du samedi 8 h. du soir, plus pour les prairies désignées à cet effet 8 h. le mercredi, de 8 h. du soir au lendemain 4 h. du matin.

En portant à 36 heures par semaine, au lieu de 32 heures, l'irrigation du samedi au dimanche, qui alors aurait lieu du samedi 8 heures du soir au lundi 8 heures du matin, et en laissant la faculté d'ajouter dans les règlements locaux à dresser, soit pour la prairie de M. Havé, soit pour celles des héritiers le Conte et Pollet et de l'hospice d'Evreux, ou des représentants du sieur Duvaucel, soit encore pour toutes autres qui seraient désignées à cet effet, un supplément de 8 heures le mercredi depuis 8 heures du soir jusqu'au lendemain 4 heures du matin, nous pensons que l'on aura assez fait pour l'arrosement des prairies dans les communes d'Evreux et de Gravigny.

Prairies de Normanville.

Il nous reste maintenant à examiner ce qui est relatif aux prairies de Normanville. C'est là surtout qu'il est difficile de concilier les intérêts divers qui ont été mis en présence. D'un côté une grande étendue de prairies et un sol graveleux des plus absorbants qui exige une irrigation abondante, de l'autre toute la partie inférieure de la vallée avec ses nombreuses usines que cette irrigation prive du volume d'eau qui lui est nécessaire.

Ajoutez à cela que les propriétaires de prairies de la commune de Normanville, uniquement

---

au-dessus, de 0 ᵐ 051. Il y avait alors 0ᵐ 14 de lame d'eau sur le déversoir le plus éloigné. Le repère et les déversoirs ont été depuis rectifiés et rétablis à leur hauteur légale. La lame d'eau est aujourd'hui d'à peu près 0ᵐ 08 sur le 3ᵉ déversoir, et 0 ᵐ 06 sur le 2ᵉ. Avant cette rectification, les inconvénients résultant de la perméabilité du sol et de l'usage abusif des eaux étaient d'autant plus grands.

préoccupés de leur intérêt, n'ont pris aucune précaution pour atténuer les inconvénients de la perméabilité du sol. Au lieu de restreindre l'irrigation, ils ont plutôt cherché à l'étendre. Non seulement ils arrosent en dehors du règlement, mais encore ils le font sans que des fossés d'égout aient été ménagés sur tous les points, et au moyen de larges canaux mis en communication constante avec la rivière et donnant lieu à une augmentation notable de la surface d'absorption.

Cet état de choses a depuis long-temps excité les réclamations les plus vives. Par suite d'une action intentée par les propriétaires des usines inférieures contre M. le Marquis de Champigny, principal propriétaire à Normanville, la cour royale de Rouen a, par arrêt du 4 juin 1822, ordonné la suppression de plusieurs prises d'eau ouvertes sans autorisation pour créer de nouvelles prairies sur la rive droite de l'Iton; mais cela ne pouvait suffire. Les abus ont continué à se reproduire sur les autres parties du territoire de Normanville et jusqu'ici l'irrigation n'a point été régularisée dans cette commune (1). Aussi, pendant nos accessions de lieux pour la révision de l'ordonnance du 31 juillet 1833, avons-nous entendu un concert unanime de plaintes dans toute la partie inférieure de l'Iton sur l'emploi et la tenue des eaux à Normanville, et sur le résultat fâcheux des infiltrations qui ont lieu à travers le sol des prairies de M. le Marquis de Champigny.

Nous allons au surplus faire connaître comment l'exécution des règlements s'est trouvée ajournée à Normanville, et comment M. le Marquis de Champigny et les autres propriétaires de prairies de cette commune, en mettant en avant un prétendu droit particulier d'irrigation, ont su faire tourner à leur avantage les diverses circonstances de cette affaire, sans jamais se conformer aux prescriptions de l'administration.

Nous dirons ensuite ce qu'il convient de faire pour mettre un terme à tant d'abus, et quelles sont les mesures à prendre dans l'intérêt public et dans l'intérêt combiné des propriétaires riverains à Normanville et des usiniers inférieurs, en ce qui concerne l'emploi des eaux et la durée de l'irrigation.

Voici les faits qui donnent lieu aux prétentions élevées par M. le Marquis de Champigny et joints.

Par bail du 6 décembre 1787 M. le Marquis de Champigny père, alors seigneur de Normanville, afferma au sieur Louis Bignault cinquante-cinq hectares (66 à 68 acres) d'herbages sis à Normanville et à Caer, en rive gauche de l'Iton, avec la clause suivante: « Le preneur aura le » droit de fermer au soleil couchant la vanne des Hautes-Portes ou les deux vannes faites sur la » nouvelle rivière pour pouvoir arroser les herbages pendant la nuit, et au soleil levant il sera » tenu d'ouvrir lesdites vannes et de fermer toutes les portelles ou portillons par lesquels il prendra » l'eau, et d'ouvrir toutes celles qui servent à retenir l'eau, afin qu'elle rentre dans son lit et que » ledit seigneur bailleur ne puisse souffrir aucun dommage pour son moulin ni recevoir aucune » plainte d'ailleurs.

---

(1) Pour faire cesser les inconvénients résultant de la tenue des eaux, des étranglements produits par les barrages d'irrigation et de flottage (*signalés comme nuisibles par la commission de 1841, page 23 du procès-verbal de ses séances*), du défaut d'entretien des fossés d'égout et de la communication permanente établie avec les larges canaux ouverts sur la propriété de M. le Marquis de Champigny, M. le Préfet a pris récemment, sous la date du 4 juin 1844, un arrêté qui pourra contribuer à rétablir l'ordre dans cette partie de la vallée. Il ne restera plus qu'à fixer définitivement la durée de l'irrigation, l'emploi et la répartition des eaux dans les prairies.

» Ledit preneur ne pourra prendre depuis le soleil couchant jusqu'au soleil levant que du samedi
» au dimanche, du dimanche au lundi, du mardi au mercredi et du jeudi au vendredi de chaque
» semaine, lui étant défendu les autres jours de déranger la rivière. »

Vente de l'an ıı, des biens de M. de Champigny père, émigré.

M. le Marquis de Champigny père ayant émigré, les herbages faisant l'objet du bail de 1787
furent vendus par adjudication du 21 germinal an ıı comme biens nationaux de 2ᵉ origine, en
trois lots ou parties, qui furent adjugés aux sieurs Michel Doucerain, Traizet et Baudouin, ce dernier
ayant déclaré command en faveur de madame veuve de Montenay née Bochard de Champigny.

Clause par laquelle il est référé au bail de 1787, en ce qui concerne l'irrigation.

Une clause générale manuscrite insérée dans les trois procès-verbaux était conçue en ces termes : « Sera tenu l'adjudicataire de s'entendre et convenir avec les adjudicataires des autres
» parties de prairie adjacentes des temps et jours qu'il pourra prendre et garder l'eau pour
» l'arrosement », mais, par un renvoi écrit d'une autre encre et non approuvé ni paraphé, il fut
ajouté : « Suivant l'usage pratiqué par le fermier qui jouissait de la totalité et conformément
» aux dispositions de son bail qui détermine les jours d'irrigation des prairies dont il jouit et à
» toutes les autres clauses dudit bail, de manière toutefois que par les arrangements faits entre
» les divers adjudicataires le flottage des bois de marine ne soit point entravé. Seront au surplus
» tenus les fermiers ou adjudicataires des moulins qui sont sur la rivière de souffrir les arrose-
» ments desdites prairies de la même manière et suivant les clauses de leurs baux. »

C'est en excipant du contrat de vente nationale par lequel il est référé au bail de 1787 (1)
que les représentants de M. de Champigny se sont dispensés et ont fait refus de se conformer
aux règlements du 25 germinal an ıx et du 22 pluviôse an x sur l'irrigation des prairies.

Indépendamment des quatre nuits de chaque semaine attribuées aux prés de la rive gauche,
les représentants de M. de Champigny ont la prétention d'employer les trois autres nuits
à l'irrigation des prés de la rive droite, en sorte que selon eux leur droit existerait toutes
les nuits. Ils fondent leurs prétentions sur le bail de 1787, même en ce qui concerne la rive droite
qui n'y était pas comprise, parce que, disent-ils, les trois nuits non accordées au sieur Bignault
étaient exclusivement retenues pour cette partie.

Arrêté préfectoral du 12 septembre 1816, annulé par décision ministérielle du 13 novembre 1821.

Il était naturel que des prétentions aussi exagérées donnassent lieu aux plaintes des propriétaires inférieurs de moulins et usines. Un arrêté du préfet de l'Eure fut pris à ce sujet le 12 septembre 1816. Par cet arrêté motivé sur l'arrêt de règlement du parlement de Rouen du 2 juillet
1689, et sur d'autres actes de législation et de jurisprudence ancienne, il fut ordonné diverses
mesures qui eussent pu satisfaire les plaignants, tout en accordant une augmentation du temps
destiné à l'irrigation des prairies de Gravigny et de Normanville ; mais cet arrêté, ayant été dé-
féré au ministre de l'intérieur, fut annulé, le 13 novembre 1821, par le motif « que les droits
» d'irrigation, dont jouissent MM. de Champigny et joints depuis nombre d'années, sont
» fondés sur des titres authentiques, que c'est aux tribunaux à juger d'après ces mêmes titres des

---

(1) Le bail de 1787 avait été fait pour six années devant expirer par la récolte de 1793. Ainsi, au moment de la
vente du 21 germinal an ıı, correspondant au 10 avril 1794, la jouissance du sieur Bignault était terminée. En
outre, le bail n'a été enregistré que le 5 pluviôse an ııı, correspondant au 22 janvier 1795, en sorte que tout porte
à croire qu'il n'avait pas été connu de l'administration des domaines lors de la vente, et que les renvois, non
approuvés ni paraphés sur les minutes, avaient été faits après coup pour donner plus de valeur aux prairies dont
un des lots était acquis par un employé même du district d'Evreux, le sieur Traizet.

»époques auxquelles doivent avoir lieu les irrigations et leur durée, et si le bail de 1787 fixe
»suffisamment le nombre et la grandeur des prises d'eau d'irrigation, parce que ce ne serait que
» dans le cas où la distribution actuelle des eaux ne reposerait pas sur des titres ou des droits
» acquis que l'administration aurait à proposer un nouveau règlement. »

Un second arrêté ministériel du 15 mars 1823 fut également rendu dans le même sens.

On voit donc qu'à cette époque l'administration refusait d'intervenir.

La question n'ayant point été portée devant les tribunaux les choses en restèrent là.

Ordonnance royale du 31 juillet 1833, appliquée à Normanville.

Ce ne fut qu'après la promulgation de l'ordonnance royale du 31 juillet 1833 sur la police des eaux de l'Iton que de nouvelles tentatives furent faites pour rétablir l'ordre et pour assurer l'exécution des règlements à Normanville.

Arrêté du conseil de préfecture du 19 mars 1842, portant que M. le Marquis de Champigny fils, aux droits des adjudicataires de l'an II, n'a pu se soustraire à l'application de l'ordonnance de 1833.

M. le Marquis de Champigny fils, aux droits de madame de Montenay et des autres acquéreurs des biens de Normanville, rachetés depuis en grande partie par son père ou son aïeul, ainsi que le sieur Laguette, son fermier, n'ayant point tenu compte des avertissements qui leur étaient donnés, des procès-verbaux furent dressés contre eux par le garde principal de l'Iton inférieur, pour avoir arrosé à une époque non autorisée. Cités devant le conseil de préfecture de l'Eure, ils ont été condamnés à l'amende par arrêté du 19 mars 1842, lequel énonce qu'ils n'avaient pu légalement se soustraire à l'application des règlements consacrés par l'ordonnance du 31 juillet 1833.

Nous avons déjà eu l'occasion d'exprimer notre opinion à ce sujet dans le rapport en date du 19 décembre 1842, que nous avons fourni à l'administration sur la requête présentée au nom de M. le Marquis de Champigny contre l'arrêté du conseil de préfecture de l'Eure du 19 mars 1842; nous ne pouvons que reproduire ici une partie des observations contenues dans ce rapport.

L'ordonnance du 31 juillet 1833 sur la police des eaux de l'Iton ne fait d'exception en faveur d'aucun des riverains. Elle les soumet tous indistinctement, suivant leur position dans la vallée, aux règlements du 2 juillet 1689, du 25 germinal an IX, et du 22 pluviôse an X. Dès lors, le conseil de préfecture de l'Eure a pensé avec raison que les arrêtés ministériels de 1821 et de 1823, ne comportant ni la force ni l'autorité de la chose jugée, ne devaient pas dispenser M. le Marquis de Champigny de se conformer aux prescriptions de l'ordonnance réglementaire.

Jurisprudence du conseil d'État.

La doctrine admise par ces arrêtés ministériels n'a pas paru conforme à la jurisprudence du conseil d'État en matière de règlement d'eau (1).

---

(1) Cette doctrine n'est pas non plus conforme à la jurisprudence de la cour de cassation, nous citerons à ce sujet l'arrêt très-remarquable rendu dans l'affaire Beautier et Duval contre de Fumechon.

M. de Fumechon, propriétaire de forges et de prés sur la Charentonne (département de l'Eure), comme représentant M. de Laferté qui avait acquis le droit de prendre l'eau à cette rivière pour l'irrigation de sa propriété, soutenait devant les tribunaux que le règlement du 25 germinal an IX ne pouvait préjudicier à ses droits acquis non seulement par ses titres, mais encore en vertu de l'article 206 de l'ancienne Coutume de Normandie (Dalloz, 1827 — 1 — 251). Le tribunal de Bernay et, sur appel, la cour royale de Rouen par arrêt du 30 juin 1825, déclarèrent que les titres de M. de Fumechon établissaient à son profit des droits qui n'avaient pu lui être enlevés par un règlement administratif postérieur, et en conséquence le maintinrent dans sa pleine jouissance. Mais la cour de cassation, par des motifs énoncés en son arrêt du 28 mai 1827, cassa celui de la cour de Rouen, et, pour statuer au fond, renvoya devant la cour de Paris qui, par un arrêt du 21 juillet 1828, rendu en audience solennelle, ordonna que M. de Fumechon serait tenu d'user de son droit de prise d'eau conformément au règlement du 25 germinal an IX (Dalloz, 1828 — 2 — 241).

Discussion.

Les lois des 20 août 1790 et 6 octobre 1791, qui régissent cette matière, et sous l'empire desquelles les prairies de Normanville ont été vendues, n'admettent aucun titre contraire à l'intérêt public ou à l'intérêt des riverains inférieurs. Un acte de vente nationale ne saurait donc faire obstacle à l'exercice du droit réservé à l'administration touchant le règlement des cours d'eau (1).

D'ailleurs, en énonçant dans les contrats de vente des prairies de Normanville que l'acquéreur aurait le droit d'arroser comme par le passé ou que l'arrosement se ferait conformément au bail de 1787, l'administration des domaines, qui stipulait au nom de l'Etat, a dû supposer que le mode suivi pour l'irrigation des prairies de Normanville était bien celui consacré par les anciens règlements. Ainsi que le fait remarquer le conseil de préfecture dans l'arrêté attaqué, il serait par trop étrange que les contrats de vente nationale passés en exécution des lois abolitives de la féodalité, eussent conféré au marquis de Champigny un droit dont il n'aurait pu légalement jouir sous le régime féodal.

C'est cependant ce qui arriverait, si les prétentions de M. le Marquis de Champigny étaient admises. Sous l'ancienne législation il n'aurait pu, aux termes des arrêts du parlement de Normandie et des ordonnances du grand-maître des eaux et forêts de Rouen, rapportés plus haut, prendre l'eau qu'une fois la semaine; et aujourd'hui, par une disposition mal comprise ou insérée furtivement, il se trouverait investi du droit d'arroser toutes les nuits de chaque semaine au moyen de larges prises d'eau qui absorbent tout le volume de l'Iton et ne laissent rien aux inférieurs, ainsi que le constate le procès-verbal dressé par le garde principal de cette rivière.

L'Etat ne peut avoir perdu son droit de réglementer.

L'Etat, nous le répétons, ne peut pas avoir perdu son droit de réglementer qui est la sauvegarde des propriétaires inférieurs.

L'eau courante et l'usage qui en est fait n'ont jamais pu être l'objet d'un droit de propriété proprement dit. Le règlement d'aujourd'hui, qu'il s'applique à un seul ou à toute la vallée, ne constitue pas un droit acquis. Si l'administration chargée de veiller au bien commun juge convenable de le modifier, l'on est tenu de se conformer à ses prescriptions. *Dans tous les cas*, dit l'article 645 du Code civil, les règlements particuliers et locaux sur le cours et l'usage des eaux doivent être observés.

Distinction à établir entre l'Etat stipulant à la représentation d'un particulier et l'Etat agissant dans un intérêt public.

Que si l'Etat pouvait être considéré comme engagé envers M. le Marquis de Champigny, par l'insertion faite au contrat de vente nationale de l'énoncé rappelant que l'arrosement aurait lieu comme par le passé et conformément au bail de 1787, nous dirons que cela ne pourrait s'entendre que de l'Etat, détenteur d'une propriété privée, stipulant à la représentation d'un particulier et non de l'Etat agissant dans un intérêt public. Les obligations résultant d'un pareil contrat n'ont pas dû engager les tiers, bien moins encore l'administration exerçant le pouvoir réglementaire qui lui est attribué.

En supposant donc que M. le Marquis de Champigny et joints puissent s'adresser aux tribunaux

---

(1) Le sieur Ricord, propriétaire d'usines dans le département du Var, en vertu d'un acte de vente nationale, s'étant pourvu contre l'ordonnance royale du 1er avril 1830 qui le soumet à diverses mesures réclamées dans l'intérêt public et dans l'intérêt des riverains, le conseil d'Etat a, par arrêt du 20 juillet 1832, rejeté sa requête, par le motif qu'en matière de règlement d'eau, l'administration a toujours le droit de prescrire les mesures propres à faire cesser tout dommage public, et que, *ni l'acte de vente nationale*, ni la longue possession alléguée par le requérant, ne pouvaient faire obstacle à l'exercice de ce droit. (*Annales des ponts et chaussées*, 1832. *septembre et octobre* 26.)

civils pour faire juger la question de dommage, l'action se trouvera intentée contre l'administration des domaines pour cause d'infraction d'un contrat librement consenti, mais ils ne doivent pas moins avant tout se soumettre aux règlements sur la police des eaux de l'Iton.

Abus exorbitants.

Nous rappellerons d'ailleurs ici que le mode d'irrigation que M. le Marquis de Champigny et joints voudraient faire consacrer à leur profit, constitue un privilège exorbitant, un accaparement complet du volume des eaux de l'Iton, qui, s'il était toléré, mettrait dans l'impossibilité de régler l'emploi et la distribution des eaux dans la partie inférieure de l'Iton, et empêcherait de donner satisfaction aux nombreux intérêts qui se sont produits de ce côté et qui jusqu'ici n'ont que trop souffert des abus commis à Normanville.

Nous avons déjà fait connaître que dans les contrats de vente nationale invoqués, quatre nuits étaient désignées pour l'irrigation des prés de la rive gauche de l'Iton, mais qu'aucune indication spéciale ne s'appliquait aux prés de la rive droite. En s'attribuant les trois autres nuits, M. le Marquis de Champigny a outre-passé tout ce qu'il pouvait prétendre.

Après l'arrêté de 1816, l'irrigation au lieu d'être restreinte a été étendue.

D'un autre côté l'on sait que l'arrêté du 12 septembre 1816 avait été rendu pour les communes de Gravigny et de Normanville dans le but de faire droit et de satisfaire autant que possible aux intérêts opposés des propriétaires d'usines et de prairies. Cet arrêté, qui accordait à l'irrigation deux jours par semaine, savoir : 32 heures du samedi 7 heures du soir au lundi 3 heures du matin, et 8 heures le mercredi depuis 7 heures du soir jusqu'au lendemain 3 heures du matin, a été annulé à la requête des propriétaires de prairies; mais, chose étrange! ces mêmes propriétaires ont retenu à leur profit de cet arrêté l'irrigation pendant la journée du dimanche qu'ils ne pratiquaient pas auparavant. Lors de notre accession de lieux à Normanville, il nous a été déclaré que l'on arrosait aujourd'hui, non seulement toutes les nuits du soleil couchant au soleil levant, mais encore le dimanche dans la journée, ce que l'on ne faisait pas avant l'arrêté du 12 septembre 1816.

Grande perméabilité du sol.

Dans cette même accession de lieux, il nous a été dit qu'à Normanville, à cause de la grande perméabilité du terrain, il fallait, pour arroser un hectare de prairie, une prise d'eau de 1 mètre de largeur sur 0 mètre 50 de hauteur, sans que l'on pût espérer, en mai et juin surtout, qu'une partie de l'eau employée retournât à la rivière.

Nous avons donc eu raison d'appeler l'attention sur les prairies de Normanville qui, dans l'état actuel des choses, par la nature du sol, par le privilège qui est réclamé et par les abus qui sont la conséquence de la situation des lieux et des prétentions mises en avant, forment obstacle au rétablissement de l'ordre et ont une influence des plus fâcheuses sur le régime des eaux de l'Iton,

C'est à Normanville qu'est le point capital de la question relative au règlement de l'Iton.

dans toute la partie inférieure de son cours. C'est là qu'est le point capital de la question relative au règlement de l'Iton. Ce sont les abus de l'irrigation et les pertes d'eau de Normanville qui de tout temps ont donné lieu aux principaux griefs et ont fait naître les plaintes les plus vives que l'on ait adressées à l'administration.

Opinion émise par la commission de 1841 au sujet des terrains perméables.

La commission de 1841 (pages 23 et 24 du procès-verbal de ses séances) ayant eu à exprimer son opinion sur les inconvénients que présentent les terrains où il existe des bétoires, ou même qui sont seulement perméables, a fait observer que ces terrains ne pouvaient être arrosés qu'au détriment de la masse, et que l'irrigation, ruineuse dans ce cas pour l'agriculture aussi bien que pour l'industrie, devait être expressément interdite. Sur neuf membres, deux seulement paraissent avoir été d'avis que l'irrigation pouvait être autorisée sur les terrains perméables, pourvu qu'elle n'eût lieu que pendant un court espace de temps et en raison inverse de l'absorption.

Nous n'irons pas aussi loin sous ce rapport que la commission de 1841. Lorsqu'une prairie, par la disposition des lieux, ne peut pas rendre l'eau à la rivière, ou bien lorsque l'eau s'y perd dans des bétoires, on doit interdire l'irrigation : le règlement nouveau contiendra une disposition prohibitive à ce sujet ; mais la prohibition ne peut pas être aussi absolue pour les prairies, dont le sol graveleux est simplement perméable. Dans l'intérêt public et pour éviter une trop grande perturbation dans le régime des eaux, il convient alors de limiter l'irrigation, mais il ne faut pas faire que les propriétés qui bordent la rivière en soient privées.

On propose d'accorder à Normanville la même durée d'irrigation qu'à Evreux et à Gravigny, ni plus ni moins.

En ce qui concerne la commune de Normanville, nous sommes d'avis que si l'on ne doit pas faire plus que pour Evreux et Gravigny, l'on doit du moins faire autant, et qu'il y a lieu de fixer la durée de l'irrigation pour toutes les prairies de Normanville à 36 heures, du samedi 8 heures du soir au lundi 8 heures du matin, plus à 8 autres heures, du mercredi 8 heures du soir au lendemain 4 heures du matin, soit en totalité 44 heures. C'est 4 heures de plus que n'accordait l'arrêté du 12 septembre 1816.

Au-dessous de Normanville, jusqu'au confluent de l'Iton, dans la rivière d'Eure à Acquigny.

Au-dessous de Normanville, le sol cesse d'être perméable.

A peu de distance au-dessous de Normanville, le sol cesse d'être perméable. Il devient même plutôt compact et humide sur Brosville et les autres communes sises en aval. L'on retrouve de ce côté plusieurs très-belles sources et fontaines parmi lesquelles on remarque celles du Homme, de Brofontaine, de la Vacherie, de Jambart, d'Hondouville et des Courtieux.

Sur les communes de Saint-Germain-des-Angles, de Tourneville, Brosville et Houetteville, l'irrigation a lieu du samedi soir au lundi matin, conformément au règlement du 22 pluviôse an x, mais les prairies qui ne profitent pas des fontaines ont rarement assez d'eau pour arroser. On ne peut disposer sur l'Iton que des premières heures. La rivière affaiblie par les pertes qu'elle éprouve à Normanville se trouve bientôt trop basse.

Sur la Vacherie (1), Hondouville et Amfreville, on n'arrose pas.

Sur les Planches et Acquigny, l'arrosement est également presque nul.

L'eau sert principalement à l'alimentation des usines. Irrigation peu importante : il suffira de 32 heures par semaine, du samedi midi au dimanche 8 h. du soir.

On voit donc que l'irrigation n'a pas une très-grande importance dans la partie inférieure de la vallée. On lui donnerait probablement plus d'extension si la rivière mieux réglée le permettait, mais la situation et la nature du terrain feront que ce ne sera jamais que dans des limites assez restreintes. Les eaux de cette partie de l'Iton sont employées principalement à l'alimentation des nombreuses usines situées sur son cours, pour lesquelles un régime régulier et uniforme est si nécessaire.

On ne demande pas à Saint-Germain-des-Angles, et au-dessous, que la durée de l'irrigation soit augmentée : on voudrait seulement que le temps fixé pour l'arrosement ne coïncidât pas entièrement avec celui qui est accordé à Normanville. Nous proposerons à cet effet de faire commencer l'irrigation 8 heures plus tôt dans la partie inférieure de la vallée. Elle aurait lieu, chaque semaine, pendant 32 heures, du samedi midi au dimanche 8 heures du soir.

---

(1) Dans la partie supérieure de la commune de la Vacherie, il existe une seule prairie qui arrose.

Nos propositions relatives à la durée de l'irrigation , dans les différentes parties de la vallée que nous venons de passer en revue, ont été combinées de manière à satisfaire autant que possible les intérêts existants. Nous avons ajouté au temps fixé par le règlement actuel partout où sa durée nous a paru insuffisante, et nous n'avons retranché que là où l'intérêt public le commandait, soit qu'il y eût à réprimer des abus, soit qu'il y eût à faire cesser le préjudice causé à d'autres intérêts. Dans le cas où l'on reconnaîtrait plus tard que pour certaines parties de prairies la durée de l'irrigation dût être augmentée, on pourra le faire; mais des expériences comparatives devront avoir lieu préalablement pour justifier l'augmentation réclamée, et il ne sera statué sur la demande qu'après enquête dans toutes les communes situées en aval.

En cas d'insuffisance, la durée de l'irrigation pourra être augmentée après enquête et expérience comparative.

L'irrigation ne doit pas être réglée seulement en ce qui concerne les saisons et la durée, elle doit l'être également en ce qui touche le nombre et les dimensions des prises d'eau.

Prescriptions des anciens règlements relatives au nombre et aux dimensions de prises d'eau.

Nous avons vu plus haut que les règlements du 2 juillet 1689, du 22 pluviôse an x et du 24 décembre 1808, que consacre l'article 1er de l'ordonnance du 31 juillet 1833 , fixaient l'espacement des vannes d'irrigation à 78 mètres (40 toises) au moins; que ceux de 1689 et de 1808, applicables aux bras forcés de Breteuil et de Verneuil, n'autorisaient que des ouvertures de vanne de 0 mètre 16 (6 pouces) en largeur et en hauteur et que celui de l'an x accordait 0 mètre 33 (1 pied) au plus, avec seuil à 0 mètre 50 (1 pied 1|2) au-dessus du fond de la rivière.

Ces prescriptions sont d'une application difficile partout où les prises d'eau anciennement établies ont été disposées suivant un autre système ou pour mieux dire sans aucune règle, mais elles ne sont pas aussi absurdes qu'on a bien voulu le dire. (1) L'arrêté du 22 pluviôse an x, celui qui a été le plus critiqué, ne comporte aucune mesure fixe et invariable devant se reproduire toujours la même, quelles que soient la situation des lieux et l'étendue des prairies, ainsi qu'on l'a prétendu. Il ne dit pas que les vannes seront uniformément espacées de 78 mètres, mais qu'elles seront à au moins 78 mètres l'une de l'autre : nous ajouterons qu'au moyen de rigoles parallèles, comme il en existe le long des bras forcés, tout inconvénient pouvant résulter de la position des vannes de tête disparaît. Il ne dit pas non plus que toutes les prises d'eau auront même largeur de 0 mètre 33 , mais bien qu'elles ne pourront avoir plus de 0 mètre 33. L'arrêté du 22 pluviôse an x pose donc des limites extrêmes que l'on ne doit pas dépasser , mais au-dessous desquelles l'on peut et doit faire varier les dimensions, suivant la possibilité de la rivière : or, nous ferons remarquer que ces limites extrêmes sont assez étendues pour la rivière d'Iton. La fixation relative au seuil des vannes, que l'on a tant blâmée, ne devait évidemment recevoir son application que là où il y a au moins 0 m 65 (2 pieds) de hauteur d'eau en rivière, car l'on avait supposé que chaque vanne avait au moins les 0 m 16 (6 pouces) de hauteur de l'arrêt de 1689. Pour les parties de rivière ayant moins de 0 m 65 d'eau, il était donc sous-entendu que la hauteur des prises d'eau devait se mesurer à partir de la surface (2).

---

(1) Sur les bras forcés de Breteuil et Verneuil, les règles établies par l'arrêt de 1689 et par l'arrêté du 24 décembre 1808, pour le nombre, les dimensions et l'espacement des vannes, ont été appliquées strictement et devront être maintenues.

(2) Il est dit dans l'arrêt de 1689 que la rivière de Breteuil doit porter 0 m 65 de hauteur d'eau, étant en son plein.

D'un autre côté, l'arrêté préfectoral du 9 octobre 1819 avait donné la faculté de placer le seuil des vannes à 0 m 20 seulement au-dessus du fond de la rivière, entre Condé et Villalet, où se trouve la partie de l'Iton qui a le moins de hauteur d'eau.

Quoi qu'il en soit, nous reconnaissons qu'il y a d'utiles modifications à apporter aux dispositions des règlements actuels relatives aux vannes de prise d'eau.

Une règle générale est indispensable pour les prises d'eau.

Ainsi qu'on l'a fait observer dans la commission de 1841 (pages 27 et 28 du procès-verbal de ses séances), l'administration, pour empêcher les abus et arrêter les envahissements, doit pouvoir s'appuyer sur une base certaine, et sans la sage mesure d'une règle générale il n'y aurait que bouleversement et désorganisation; mais l'on doit faire en sorte que cette règle et les prescriptions qui en seront la conséquence soient plus en rapport avec ce qui existe, et que tout le système actuel des vannes d'irrigation ne soit pas à changer.

Les prises d'eau doivent autant que possible être proportionnées à l'étendue des prairies. D'un autre côté, il ne faut pas qu'en étendant les prairies outre mesure, l'on demande à la rivière plus qu'elle ne peut donner: l'on doit régler l'importance des prises d'eau d'après la longueur de la vallée.

Des vannes de grande ouverture peuvent plus que tout autre donner lieu à de grands abus. Etant de dimensions trop restreintes elles seraient trop multipliées. On ne peut d'ailleurs, dans aucun cas, admettre qu'elles aient leur seuil au niveau du lit de la rivière et qu'elles tirent de fond (voir page 22 du procès-verbal de la commission de 1841).

Les vannes de tête doivent être réglées par rapport à l'étendue des prairies, par rapport à la longueur de la vallée, par un maximum et un minimum d'ouverture et par la position de leur seuil.

Nous estimons donc que l'on doit limiter les dimensions des vannes de prise d'eau par rapport à l'étendue des prairies, par rapport à la longueur de la vallée, par un maximum et un minimum d'ouverture, et par la position de leur seuil au-dessus du fond de la rivière.

Il résulte des déclarations mêmes des propriétaires de prairies, lors de nos accessions de lieux, que la largeur des orifices de prise d'eau, par chaque hectare arrosé, peut être fixée à 0 ^{m} 16 pour la prairie dont le sol est, près de la prise d'eau, inférieur au niveau de la rivière et à 0 ^{m} 33 pour les autres, le seuil des vannes étant placé à 0 ^{m} 33 au-dessous du plan d'eau.

Le maximum de largeur des vannes de tête pourra être porté à 0 ^{m} 65, comme dans l'ordonnance du grand-maître des eaux et forêts de Rouen du 21 mars 1758; mais, d'un autre côté, il n'en devra point être placé sur les propriétés de moins de 25 ares, à moins qu'elles ne soient isolées, et sauf au propriétaire, ayant une vanne, à rendre l'eau aux riverains inférieurs qui n'en auraient pas.

La hauteur du seuil au-dessus du fond serait généralement de 0 ^{m} 50 au moins comme dans l'arrêté du 22 pluviôse an x. Son minimum possible serait de 0 ^{m} 20 comme dans l'arrêté du 9 octobre 1819.

Quant au rapport à établir entre la somme des ouvertures des prises d'eau sur les deux rives, réglées et proportionnées suivant ce qui vient d'être dit, et la longueur de chaque subdivision de la vallée marquée par les retenues d'usines du bras principal, il doit varier suivant la possibilité, c'est-à-dire suivant le produit de la rivière. Nous proposerons de le régler ainsi qu'il suit: savoir: 1° A 0^m 16 au plus par 78 mètres de longueur sur le bras forcé de Breteuil, et sur celui de Verneuil jusqu'à cette dernière ville, comme le prescrivent l'arrêt du 2 juillet 1689 et l'arrêté du 24 décembre 1808; 2° à 0 ^{m} 33 au plus par 78 mètres sur les autres parties de l'Iton supérieur; 3° à 0 ^{m} 50 sur le Rouloir; 4° à 1 mètre sur l'Iton inférieur (1).

---

(1) Si l'on considère une subdivision de 1,000 ^{m} de longueur (elles auront généralement plus), on trouve qu'elle comporte 13 distance de 78 mètres.

Les vannes de tête de cette subdivision étant levées à la fois, ainsi que cela aura lieu le plus souvent, les dé-

Grands canaux d'irri-
gation.

Afin de régulariser l'existence des grands canaux d'irrigation qui ont été établis dans différentes parties de la vallée et qui font retour à la rivière, il sera dit que par exception leurs vannes de tête pourront être maintenues dans des dimensions plus grandes que celles que nous venons d'indiquer comme maximum de largeur et comme maximum de hauteur ; mais dans ce cas les vannes de prise d'eau pratiquées sur ces canaux jointes à celles des autres bras de rivière devront satisfaire dans chaque subdivision de la vallée aux conditions ci-dessus.

Il ne sera pas nécessaire de reproduire dans le règlement la prescription relative au bâtardeau en terre franche, de 1 mètre d'épaisseur, de l'article 4 de l'arrêté du 22 pluviôse an x, contre laquelle on a réclamé de toutes parts. Il suffira que les vannes soient établies dans un pertuis en bonne maçonnerie et puissent clore les prises d'eau aussi hermétiquement que possible.

Barrages d'irrigation.

La commission de 1841 a recommandé une surveillance spéciale sur les barrages d'irrigation. On a même réclamé dans cette commission (page 23 du procès-verbal de ses séances) la suppression de tous ceux qui auraient été établis postérieurement et contrairement aux anciens règlements, notamment à l'ordonnance de 1758. Nous ne serons pas aussi sévères à l'égard des barrages d'irrigation. Nous estimons que tous ceux qui ne sont pas réputés nuisibles peuvent être conservés. L'on devra seulement exiger qu'il leur soit donné un débouché au moins égal à la section moyenne de la rivière, qu'ils soient tenus ouverts hors le temps de l'irrigation, et que la retenue d'eau permise pour l'arrosement soit fixée par un repère (1).

Toutes les vannes de barrage et de prise d'eau d'irrigation devront d'ailleurs fermer à clef et les propriétaires ou fermiers de prairies resteront responsables de leur manœuvre.

Règlements locaux
pour la subdivision des
eaux.

Aux termes de l'article 4 de l'arrêté du 25 germinal an ix dont l'ordonnance de 1833 a maintenu l'application, il doit être fait dans chaque commune un règlement local pour la division et la subdivision des eaux destinées à l'arrosement des prairies. Une disposition semblable devra être insérée dans le nouveau règlement général, qui, ne pouvant prévoir et comprendre tous les cas particuliers, doit laisser à chaque localité l'initiative des propositions à faire pour la meilleure distribution des eaux suivant les bases admises. (Voir page 5 du procès-verbal de la commission de 1841.)

Dans le règlement local de chaque commune on indiquera les dimensions que doivent avoir les vannes de prise d'eau conservées, le temps de les tenir ouvertes, la contenance des prairies

---

penses d'eau se produiront ainsi qu'il suit :

Pour les ouvertures de 0^m 33 de largeur sur 0^m 33 de hauteur (*en admettant que le produit de la vitesse moyenne par le coëfficient de la contraction donne 0^m 30 seulement*), ci...................... 0^m71 ·

Pour les ouvertures de 0^m 30 de largeur sur 0^m 33 de hauteur qui sera plutôt plus grande, avec vitesse et contraction comme ci-dessus, ci... 1 07

Pour les ouvertures de 1^m de largeur sur 0^m 40 de hauteur qui sera plutôt plus grande, avec vitesse et contraction comme ci-dessus, ci... 2 60

En comparant les chiffres de la dépense d'eau avec ceux du produit de la rivière dans les parties correspondantes, on trouve que les rapports indiqués donnent toute la latitude nécessaire.

(1) C'est ce qui a été prescrit en dernier lieu par l'arrêté du 4 juin 1844 pour les barrages de Normanville, que la commission de 1841 avait signalés comme nuisibles. (*Page 23 du procès-verbal de ses séances.*)

à arroser, et la manœuvre obligée des vannes de barrage et d'usines supérieures et inférieures pendant l'irrigation. Lorsque plusieurs communes auront un même intérêt au mouvement et à la distribution des eaux, les commissaires délégués de chacune d'elles se réuniront pour convenir entr'eux des mesures à proposer. Dans tous les cas le règlement local devra être soumis à l'approbation du préfet qui en rectifiera et arrêtera définitivement les dispositions.

Entretien de la rivière : curage, fauchage, plantations.

Nous avons fait connaître, au commencement de ce mémoire, que la nécessité d'un curage général de la rivière d'Iton ayant été reconnue par la commission de 1841 (page 35 du procès-verbal de ses séances), ce curage avait eu lieu dans la campagne de 1843. La même commission a été d'avis qu'à l'avenir, pour assurer le bon entretien de la rivière d'Iton, le curage devrait être opéré périodiquement à des époques rapprochées. Dans l'état actuel des choses, les riverains doivent, en conformité de l'article 7 de l'arrêté du 16 prairial an x, curer deux fois par an ; c'est trop exiger : aussi ne s'y conforme-t-on pas. Il vaudra mieux, comme l'a indiqué la commission de 1841, ne prescrire le curage que tous les trois ans et tenir la main chaque fois à ce qu'il soit exécuté complètement.

Le nouveau règlement général devra contenir à ce sujet toutes les prescriptions nécessaires, dans la forme et suivant le mode admis, comme application des anciens règlements, par l'arrêté sur le curage de l'Iton en date du 12 mai 1843.

Il devra prescrire, non seulement le curage, mais encore le fauchage des herbes en rivière, l'entretien et la réparation des digues et la distance à laquelle on doit tenir les plantations éloignées du bord de chaque cours d'eau.

Sur la rivière d'Iton, le curage et le fauchage sont à la charge des riverains qui jouissent de la pêche.

Nous ferons observer que l'usage établi sur l'Iton est que les riverains, qui sur tout son cours jouissent de la pêche, doivent curer et faucher chacun au droit de sa propriété, même dans les parties flottables qui dépendent du domaine public.

Depuis que l'arrêt du conseil du roi du 20 mai 1749 a déclaré flottables le Rouloir et l'Iton inférieur, ces rivières n'ont pas cessé d'être entretenues par les riverains comme auparavant. La sentence de la vicomté de l'eau de Rouen du 27 avril 1778 rappelle que c'est pour eux une obligation (1).

Cet état de choses est conforme à la législation actuelle et doit être maintenu.

La loi du 15 avril 1829 relative à la pêche fluviale distingue en effet entre les rivières navigables ou flottables, qui dépendent du domaine public, celles dont l'entretien est à la charge de l'Etat et celles dont l'entretien est à la charge des particuliers. Lors des enquêtes qui ont eu lieu en vertu de l'article 3 de la loi sur la pêche, les propriétaires riverains de l'Iton n'ont pas manqué de faire valoir qu'ayant toujours été chargés seuls de l'entretien de cette rivière, le

---

(1) Nous mentionnerons également ici que l'ordonnance du 21 mars 1758, concernant la police des rivières du ressort de la maîtrise de Pacy, porte en son article 6 : « que tous meuniers et propriétaires adjacents seront » tenus, chacun en droit soi, de faire curer et faucher lesdites rivières. »

Sur l'Iton, les barrages des usines et les pertuis du flottage profitant généralement aux propriétaires riverains qui s'en servent pour l'irrigation de leurs prairies, le curage, dans toute l'amplitude du remous, n'a point été mis par mesure générale à la charge des usiniers ou du concessionnaire du flottage, ainsi que cela doit se faire lorsqu'une retenue d'eau de nouvelle création n'est utile qu'au propriétaire du barrage.

droit de pêche devait être exercé à leur profit, bien que la rivière fût flottable par trains. C'est parce qu'on leur a laissé la pêche qu'ils doivent rester chargés de l'entretien (1).

Le règlement général sur la police des eaux de l'Iton ne devra pas seulement comprendre toutes les mesures d'ordre propres à assurer le bon entretien du lit de la rivière et à régler l'emploi et la répartition des eaux aux époques fixées pour l'irrigation. Il devra en outre renfermer toutes les prescriptions nécessaires pour maintenir en tout temps près des barrages d'usines un écoulement suffisant et une tenue d'eau aussi régulière que possible.

Nous proposerons à cet effet de rappeler aux propriétaires d'usines les dispositions des arrêtés des 6 fructidor an ix et 16 prairial an x, concernant la pose des repères et la manœuvre des vannes.

Il serait dit aussi que chaque barrage d'usine devra être muni d'un déversoir en maçonnerie arrasé au niveau du repère, et que le déversoir s'il n'est pas jugé suffisant, sera accompagné d'une vanne spontanée pouvant se lever d'elle-même aussitôt que l'eau dépassera la hauteur légale.

Toutes les fois que l'intérêt public le commandera, l'établissement de la vanne spontanée, l'élargissement des autres vannes de décharge ainsi que l'exhaussement de leur chapeau, devront pouvoir être ordonnés par de simples arrêtés du préfet.

Les règlements antérieurs pouvant contenir quelques prescriptions utiles en dehors de celles qui se trouvent reproduites dans le nouveau règlement, il y aura lieu de déclarer que l'on maintient toutes les dispositions qui ne lui seraient pas contraires.

Il nous reste maintenant à examiner ce qui doit être fait pour assurer l'exécution du règlement nouveau par une surveillance efficace. La question est des plus importantes, car c'est surtout par le défaut de surveillance que les règlements existants ont été frappés de nullité.

L'institution des gardes-vannes surveillants, qui, dans chaque commune, en conformité des arrêtés du 23 germinal an ix et du 22 pluviôse an x, devaient être présentés à la nomination du préfet par les propriétaires intéressés, n'a produit aucun résultat.

L'arrêté du 16 prairial an x ayant décidé que des gardes pourraient être établis aux frais des propriétaires d'usines, deux gardes inspecteurs furent nommés en l'an xi, l'un pour l'Iton supérieur, l'autre pour l'Iton inférieur: un troisième garde leur fut même adjoint en l'an xiii sur l'Iton inférieur. Mais cette organisation ne fut pas de longue durée, sans doute parce que l'on cessa de pourvoir au paiement des salaires.

Quelques années après, un projet de règlement général sur la police de toutes les rivières du département, en date du 14 décembre 1808, fut soumis à l'administration. On proposait de confier la surveillance à des agents particuliers, nommés directement par l'autorité supérieure et qui, étant payés sur le produit de centimes additionnels votés par le conseil général de l'Eure, ne fussent dans la dépendance ni des propriétaires d'usines ni des propriétaires de prairies. Avant de donner suite à ce projet, des renseignements détaillés furent demandés sur la situation de

---

(1) Sur la rivière d'Eure au contraire, qui avant la loi du 13 avril 1829 se trouvait dans le même cas que la rivière d'Iton, l'Etat a repris l'entretien et la pêche tout à la fois. Ce sont deux choses inséparables.

chaque cours d'eau, afin que l'on pût mieux juger de l'avantage ou du désavantage des mesures proposées ; et les choses en restèrent là.

Des plaintes s'étant fait de nouveau entendre plus vives et plus nombreuses sur le désordre qui existait dans la vallée de l'Iton, un arrêté spécial fut pris, à la date du 24 juillet 1823, pour réorganiser les moyens de surveillance. Les propositions que renferme cet arrêté furent discutées dans une assemblée des intéressés et devinrent l'objet d'une instruction en forme. Le projet de règlement définitif n'avait plus besoin que de la sanction royale. Mais les observations consignées dans un mémoire que présenta, comme partie intéressée, M. le Marquis de Clermont-Tonnerre, alors ministre de la guerre, le firent ajourner. M. le Directeur général des ponts et chaussées , par lettre en date du 13 juillet 1825, représenta que pour obtenir le résultat désiré il était nécessaire de soumettre de nouveau le travail à l'examen d'une commission syndicale nombreuse et bien organisée.

Ce fut seulement en 1833 qu'un nouveau projet sur la police des eaux de l'Iton, transmis à l'administration supérieure, après l'accomplissement des formalités d'enquête, put être converti en règlement d'administration publique par ordonnance royale du 31 juillet 1833.

On sait ce qu'il en est advenu et comment l'exécution s'en est trouvée paralysée.

On a surtout reproché à l'ordonnance de 1833 d'avoir voulu faire appliquer en toute rigueur les règlements anciens, avant d'avoir modifié ce qui dans ces règlements n'était pas exécutable. Nous répondrons à cela que la commission syndicale instituée par cette ordonnance avait pour mission de proposer toutes les modifications utiles et toutes les mesures d'utilité générale propres à améliorer le régime de l'Iton, qu'elle devait être disposée à n'user qu'avec modération des moyens d'action et de surveillance mis à sa disposition, et que le plus grand tort a été de ne pas lui avoir donné le temps de s'organiser et de se reconnaître.

L'instruction ordonnée pour la révision des anciens règlements ayant précisément pour but de faire ce que l'on reprochait à l'ordonnance du 31 juillet 1833 de n'avoir pas fait et devant sous ce rapport simplifier la tâche du syndicat, les parties intéressées n'auront plus les mêmes raisons pour se soustraire à l'exécution du nouveau règlement.

Elles ne sauraient d'ailleurs contester plus long-temps la légalité de la taxe établie pour subvenir au paiement des gardes, car cette question est maintenant jugée, et l'on peut dire que sur ce point il y a conformité de principe entre la cour de cassation et le conseil d'Etat. En effet, à l'occasion des difficultés mêmes soulevées par l'exécution de l'ordonnance du 31 juillet 1833, la Cour de cassation par arrêt du 23 mars 1838, et le conseil d'Etat par sa décision du 23 juillet de la même année, en déclarant que l'ordonnance attaquée avait été légalement rendue, dans la forme des règlements d'administration publique, en vertu des lois des 20 août 1790, 6 octobre 1791, 4 mai 1803 (14 floréal an XI) et 16 septembre 1807, ont reconnu qu'il avait été fait dans l'espèce une juste application de ces lois, et qu'ainsi la taxe en question n'avait aucun des caractères d'illégalité qu'on lui imputait (1).

---

(1) Les taxes publiques sont de deux espèces : les unes générales forment l'impôt à l'aide duquel l'Etat fournit aux besoins de la société ; les autres *locales* ont pour objet l'intérêt que chacun en particulier peut avoir dans l'exécution de travaux ou de mesures d'ordre de police et de surveillance. Ces dernières ne sont point fixées par

La commission de 1841 paraît avoir reconnu l'utilité d'une organisation syndicale pour veiller à l'exécution du règlement et pour seconder l'autorité, en ce qui concerne la police et la conservation des eaux de l'Iton. Les observations que renferme le procès-verbal de ses séances (pages 29 et 31) tendent seulement à établir que le syndicat, intermédiaire utile mais non pas indispensable entre l'administration et les intéressés, ne doit pas avoir d'action directe, notamment pour la poursuite des contraventions; que le président, au lieu d'être celui du tribunal de commerce d'Evreux, doit être nommé dans le sein du syndicat et ne doit pas avoir voix prépondérante. Il a d'ailleurs été dit, pages 28, 29, 32 et 33, que le syndicat ne devait pas être divisé en deux commissions, siégeant, l'une à Breteuil, pour l'Iton supérieur et l'autre à Evreux, pour l'Iton inférieur, ainsi que plusieurs l'ont demandé; qu'il devait, comme l'indique l'ordonnance de 1833, ne former qu'une seule commission ; que les frais de surveillance devaient être supportés par les deux catégories d'intéressés, mais qu'il y avait lieu d'en réduire le montant.

Nous n'avons pas pensé qu'il fût possible de laisser les syndics nommer leur président. En présence de tant d'intérêts opposés, le président du syndicat, partie intéressée lui-même, serait gêné dans l'exercice de ses fonctions. Il faut nécessairement qu'il soit choisi en dehors des propriétaires d'usines et de prairies, et dès lors la nomination directe par le préfet est ce qu'il y a de préférable. Elle l'est certainement à la désignation faite d'avance du président du tribunal de commerce qui change tous les deux ans, et qui, élu dans d'autres intérêts, peut n'être pas convenablement placé à la tête du syndicat.

Nous avons du reste eu égard à tout ce qui a été représenté par la commission de 1841, touchant l'organisation du syndicat.

Ainsi, d'après nos propositions, le président n'aurait plus voix prépondérante. Il n'y aurait plus qu'un seul garde principal et quatre gardes-rivières, dont deux pour l'Iton supérieur et deux pour l'Iton inférieur. Les frais de surveillance se trouveraient de cette manière réduits de 6,000 francs à 4,200 francs. Le syndicat serait chargé de veiller à l'exécution du règlement, de diriger la surveillance à exercer par les gardes-rivières, de donner son avis sur le mode d'application des règles admises, de recevoir les plaintes dans le but de concilier, de désigner les intéressés qui auront à contribuer aux frais de surveillance, de signaler les abus et de proposer toutes les améliorations jugées convenables ; mais rien ne serait fait par lui que sous l'autorité et sauf l'approbation du préfet, sous les ordres et à la requête duquel la répression et la poursuite des contraventions, ainsi que l'exécution d'office des travaux, continueront d'avoir lieu.

Nous proposerons en outre de substituer le renouvellement des syndics par moitié tous les deux ans au renouvellement par quart tous les ans ; de permettre à tout locataire d'usine de se porter candidat au lieu et place du propriétaire et avec l'agrément de ce dernier, dans la catégorie des usiniers ; et de donner au propriétaire d'usine, qui serait à la fois propriétaire de prairie d'un revenu plus important, le droit d'opter entre les deux catégories d'intéressés.

---

les chambres; les lois de finances se bornent à en autoriser le recouvrement selon la législation existante qui se compose, dans l'espèce, des lois des 4 mai 1803 (14 *floréal an* xi) et 16 septembre 1807 (*titre* vii). (Annales des ponts et chaussées, 1858 — septembre et octobre — 367.)

En cas de refus d'é-
lection des candidats,
nomination directe des
syndics par le préfet.

Un assez grand nombre de propriétaires riverains de l'Iton pouvant avoir intérêt à empêcher toute surveillance et à maintenir le désordre, dont tant d'autres ont à se plaindre, il pourrait arriver que l'on se trouvât encore dans l'impossibilité de réunir les intéressés en nombre suffisant pour faire procéder à l'élection des candidats aux places de syndics. Ce cas doit être prévu ; car il ne faut pas que de nouvelles entraves viennent mettre obstacle à l'exécution du règlement. Nous réserverons donc au préfet la faculté de nommer directement les membres titulaires et suppléants nécessaires pour composer le syndicat, dans le cas où, après deux convocations successives de l'assemblée des propriétaires d'usines et de prairies, l'on n'aurait pu réunir pour chacune des catégories d'intéressés la moitié au moins des électeurs inscrits.

Les autres dispositions relatives à l'organisation du syndicat seront conservées à très-peu près telles qu'elles existent dans l'ordonnance royale du 31 juillet 1833.

CONCLUSION. — PROJET DE RÈGLEMENT.

Nous croyons avoir tout dit sur la question du règlement de l'Iton. Cette rivière d'un volume d'eau assez faible, ayant 144 usines à faire mouvoir et 1,594 hectares de prairie à arroser dans des terrains plus ou moins absorbants, ne peut pas toujours y suffire. Delà ce conflit d'intérêts divers et toutes les difficultés qui, en compliquant cette affaire, l'ont amenée au point où elle se trouve aujourd'hui.

Sans perdre de vue l'intérêt public, nous avons cherché à satisfaire autant que possible les intérêts existants des propriétaires de prairies et des propriétaires d'usines par une équitable répartition des eaux.

Nous proposons d'accorder à l'irrigation plus que ne comportent les anciens règlements et tout ce que, selon nous, elle peut raisonnablement demander. Nous n'avons restreint que là où il y a abus et où l'emploi des eaux se fait au profit exclusif de quelques uns et au détriment du plus grand nombre.

Il pourra désormais
être fait une stricte
application des règles
fixées.

Les règles fixées pourront désormais être appliquées en toute rigueur, et l'ordre rétabli sur tout le cours de l'Iton produira, nous l'espérons, une amélioration notable dans le régime des eaux de cette rivière, et un avantage réel, pour l'agriculture comme pour l'industrie, dans toute l'étendue de sa vallée.

Nouveau règlement
proposé.

Nous faisons suivre le présent mémoire du projet de règlement que nous avons rédigé en conséquence de tout ce qui précède.

Ce même projet contenant les nouvelles dispositions proposées pour la police des eaux de la rivière d'Iton, de ses dérivés et de ses affluents, a aussi été dressé par nous séparément avec une série d'annotations, à l'appui des différents articles, rappelant les décisions et les circonstances particulières qui peuvent se rapporter à chacun d'eux.

Nota. Pour éviter des répétitions inutiles, le dispositif qui va suivre comprend les annotations explicatives et est présenté de façon à reproduire à la fois le règlement proposé en premier lieu et les modifications qui ont dû y être apportées après l'enquête du mois d'octobre 1844 , conformément au rapport de l'ingénieur en chef du 10 juin 1845, qui va être imprimé à la suite de ce dispositif.

Les caractères italiques indiquent les modifications ou additions aux premières propositions.

DISPOSITIF DU RÈGLEMENT PROPOSÉ.

Rivière d'Iton, y compris ses dérivés et ses affluents.

ARTICLE 1er.

Le cours de l'Iton, dans le département de l'Eure, se divise en deux sections appelées, l'une Iton supérieur, l'autre Iton inférieur.

L'Iton supérieur comprend, savoir:

La partie située entre la limite du département de l'Orne et le Becquet;

Le bras forcé de Verneuil jusqu'à sa jonction définitive avec la rivière d'Avre, au-dessous du moulin de Bâlines;

Le bras forcé de Breteuil;

Les ruisseaux des trous de Corne et de Botte et le Mort-Iton, entre le Becquet et Condé;

Toute la partie comprise entre Condé et Villalet et le Sec-Iton, de Villalet aux sources de Gaudreville.

L'Iton inférieur *commence aux* sources de Gaudreville, *et comprend* toute la partie flottable de l'Iton (1).

Le Rouloir, son principal affluent, qui est également flottable à partir du chantier de Conches, et tous les autres affluents jusqu'à la rivière d'Eure à Acquigny.

Institution et organisation d'un syndicat.

ARTICLE 2.

Il sera formé pour la rivière d'Iton, ses dérivés et ses affluents, un syndicat composé d'un président pris en dehors des propriétaires intéressés et de huit membres choisis parmi les personnes qui possèdent des

Cette division du cours de l'Iton en deux parties est indiquée par la nature.

L'Iton supérieur est séparé de l'Iton inférieur par le Sec-Iton, où la rivière disparaissait complètement autrefois, et ne donne encore aujourd'hui qu'un filet d'eau que l'on a grand peine à maintenir à la surface du sol, en bouchant les nombreux bétoires que l'on y rencontre, au moyen de corrois en glaise.

L'Iton inférieur paraît plutôt faire suite au Rouloir qu'à l'Iton supérieur.

Les eaux de l'Iton commencent à se mêler avec les eaux de l'Avre à la Tour-Grise de Verneuil. Plus loin, dans la vallée de l'Avre, les eaux de la source de Poëley viennent s'y joindre; mais jusqu'au-dessous du moulin de Bâlines où se fait la jonction définitive avec l'Avre, le canal qui conduit les eaux de l'Iton reste toujours bras forcé.

Sauf entre le moulin de Bâlines et la jonction où l'on arrose arbitrairement, l'irrigation des prairies qui bordent ce bras forcé au-dessous de Verneuil a toujours eu lieu du samedi midi au dimanche midi, comme du Becquet à Verneuil. Il paraît donc convenable de fixer dans le règlement la limite de l'Iton à sa jonction définitive avec l'Avre au-dessous du moulin de Bâlines.

La commission de 1841 (page 40 du procès-verbal de ses séances) a déclaré qu'elle s'en rapportait entièrement à l'administration à ce sujet.

Comme à l'art. 4 de l'ordonnance royale du 31 juillet 1833, sauf en ce qui concerne la présidence.

L'ordonnance de 1833 attribuait la présidence du syndicat au président du tribunal de commerce.

L'on doit reconnaître que ce fonctionnaire élu

---

(1) Dans la première rédaction, ce paragraphe était ainsi conçu : *L'Iton inférieur comprend, outre les sources de Gaudreville, toute la partie flottable de l'Iton.*

etablissements hydrauliques ou des prairies profitant du bénéfice de l'irrigation. Sur ces huit membres quatre devront être propriétaires de prairies et les quatre autres propriétaires d'usines.

Indépendamment des huit membres titulaires, il sera choisi parmi les usiniers et les propriétaires de prairies un égal nombre de membres suppléants.

Article 3.

Le président sera nommé directement par le préfet. La durée de ses fonctions est fixée à deux ans; mais il pourra être renommé indéfiniment.

Les quatre syndics et les quatre suppléants de chacune des catégories d'intéressés seront également nommés par le préfet, sur la présentation d'une liste triple de candidats désignés dans une assemblée composée de tous les propriétaires d'usines et d'un nombre égal de propriétaires de prairies. Ces derniers seront pris parmi les plus imposés à raison des prairies arrosées par l'Iton, ses dérivés et ses affluents. Ceux qui se trouveront à la fois sur la liste des propriétaires d'usines et sur celle des plus imposés des propriétaires de prairies, *pour un chiffre de contribution plus important*, ne seront pas remplacés sur cette dernière liste. L'assemblée se réunira à Evreux, sous la présidence du maire de cette ville.

Sur les quatre syndics et les quatre suppléants appartenant à chacune des catégories d'intéressés, deux syndics et deux suppléants devront être nommés parmi les propriétaires qui se servent des eaux des différents bras, soit naturels, soit dérivés, de l'Iton supérieur. Les deux autres syndics et leurs suppléants seront choisis parmi les ayant droit à l'usage des eaux des divers bras naturels ou dérivés de l'Iton inférieur et de ses affluents.

Les quatre syndics et les quatre suppléants de chacune des catégories d'intéressés seront renouvelés par moitié tous les deux ans, dans les premiers jours de mai. La voie du sort indiquera, dans chaque catégorie, les deux membres titulaires et les deux membres suppléants, qui devront sortir à la fin de la deuxième année; le renouvellement se fera ensuite par ancien-

dans d'autres intérêts peut bien, avec les meilleures intentions, n'être pas convenablement placé dans une commission où l'on traite d'objets tout-à-fait en dehors de ses connaissances spéciales.

Il est d'ailleurs renouvelé nécessairement tous les deux ans, ce qui est un grave inconvénient.

Dans la commission de 1841 (page 31 du procès-verbal), six membres sur dix ont exprimé l'opinion que le président devait être nommé dans le sein du syndicat.

Il ne paraît pas convenable qu'il en soit ainsi; le président devra être choisi en dehors des propriétaires d'usines et de prairies, et dès lors la nomination directe par le préfet est ce qu'il y a de préférable.

La commission de 1841 a demandé que le président n'eût pas voix prépondérante. Comme le syndicat aura plutôt des avis à donner que des décisions à prendre, il n'y a pas d'inconvénient à ce qu'il en soit ainsi.

Les plus imposés des propriétaires de prairies qui sont à la fois propriétaires d'usines sauront tenir la balance entre les deux intérêts. S'ils devaient la faire pencher ce serait plutôt dans l'intérêt des prairies. Il n'y a donc pas lieu de les remplacer sur la liste des propriétaires de prairies.

Le reste des 2e et 3e paragraphes comme aux articles 7 et 8 de l'ordonnance du 31 juillet 1833.

Le cours de l'Iton a une grande étendue. Il faut éviter aux propriétaires intéressés des déplacements trop fréquents.

Le renouvellement par moitié tous les deux ans paraît donc devoir être préféré au renouvellement par quart tous les ans.

Les syndics ne seraient toujours que quatre ans en fonctions.

neté. Les membres sortants pourront toujours être
réélus.

L'élection des candidats aura lieu dans chaque assemblée au scrutin et à la pluralité des voix.

Les femmes et, en cas d'empêchement, les autres
membres de l'assemblée pourront se faire représenter
par un fondé de pouvoirs porteur d'un mandat spécial, passé devant notaire, dont il devra justifier. Les
héritiers mineurs seront de droit représentés par leurs
tuteurs.

Tout locataire d'usine *ou de prairie* pourra, avec
l'autorisation écrite du propriétaire, être nommé candidat au lieu et place de ce dernier (1).

Tout propriétaire d'usine, qui serait à la fois propriétaire de prairies d'un revenu plus important, *cal-
culé d'après ses contributions*, pourra être porté
candidat dans la catégorie des propriétaires de prairies, lorsqu'avant l'élection il aura fait connaître au
préfet qu'il se range dans cette catégorie.

Article 4.

Dans le cas où, après deux convocations successives
de l'assemblée des propriétaires d'usines et de prairies, soit pour la formation complète, soit pour le renouvellement partiel du syndicat, l'on aurait pu réunir,
pour chacune des catégories d'intéressés, la moitié au
moins des électeurs inscrits, le préfet aura la faculté
de nommer directement les membres titulaires et suppléants nécessaires pour composer le syndicat.

Article 5.

Le siège du syndicat sera établi à Evreux. Les
syndics ne pourront délibérer qu'au nombre de cinq
membres au moins. Ils éliront chaque année entr'eux
un secrétaire et un trésorier. Ils se réuniront toutes
les fois que leurs fonctions l'exigeront et au moins une
fois tous les trois mois. Toutes leurs délibérations seront soumises à l'approbation du préfet.

Les jours de réunions trimestrielles seront fixés par
le syndicat lui-même. En cas d'urgence les syndics
seront convoqués par le président.

---

(1) Dans la première rédaction, ce paragraphe était terminé par les mots : *dans la catégorie des usiniers*.

Lorsque par suite de démissions, de décès ou de tout autre cause le nombre des syndics et de leurs suppléants sera réduit dans chaque catégorie à moins de quatre, il en sera donné immédiatement avis au préfet, qui fera procéder comme il est dit plus haut au remplacement des membres manquants, sans attendre les époques fixées pour le renouvellement biennal.

En cas d'absence ou d'empêchement quelconque, le président sera remplacé provisoirement par celui des membres du syndicat qui aura été désigné d'avance par le préfet.

Le président correspondra directement avec le préfet pour tout ce qui aura rapport aux opérations du syndicat.

Fonctions du syndicat.

ARTICLE 6.

Le syndicat sera chargé de veiller à l'exécution du présent règlement, de seconder les maires et les ingénieurs des ponts et chaussées dans leurs fonctions relatives à la police et à la conservation des eaux de la rivière.

Il choisira les gardes dont il sera parlé ci-après et les présentera à la nomination du préfet.

Il donnera son avis sur les dispositions de détail à ordonner pour l'application du règlement, notamment en ce qui touche l'emploi et la distribution des eaux dans les temps d'irrigation, et l'entretien du lit des différents bras de l'Iton, de ses dérivés et de ses affluents.

Il recevra les réclamations et les plaintes des usiniers et des riverains, et emploiera les voies de conciliation pour mettre fin aux discussions qui pourraient s'élever entr'eux. Dans le cas où son arbitrage ne serait pas accepté, il renverra les parties par devant l'autorité administrative ou les tribunaux suivant les cas, en adressant au préfet, si la discussion est du ressort administratif, un rapport sur le fond de l'affaire et sur les difficultés qui ont empêché la conciliation.

Le syndicat proposera la répartition, entre les propriétaires d'usines ou leurs fermiers et les propriétaires des terrains arrosés, des frais d'opérations faites dans l'intérêt général, du traitement des gardes et des dépenses auxquelles pourront donner lieu l'organisation

Il importe de prévoir les cas de démission, de décès ou d'absence des syndics et du président.

Pour le surplus de cet article 5, voir les articles 3 et 6 de l'ordonnance de 1833.

Dans la commission de 1841 (page 29 du procès-verbal) sur le principe de l'organisation même et sur les fonctions à attribuer à la commission syndicale ou au syndicat, il a été dit :

Par deux membres (dix étant présents) qu'il fallait une organisation syndicale proprement dite, ayant action directe et pouvant exercer en nom des poursuites judiciaires.

Suivant les autres cette organisation devrait être seulement officieuse. Aucune attribution active, directe, ne lui serait dévolue : ayant le droit d'examen, le droit de conseil, elle rechercherait les abus à détruire, les améliorations à opérer et les indiquerait à l'administration. Les propositions d'une paternelle sollicitude seraient par elle faites pour éclairer la marche de l'autorité : le but vers lequel elle tendrait constamment serait surtout celui de la conciliation : qu'elle ait pour nom conseil de prud'hommes, commission syndicale ou de surveillance, elle aurait son origine dans l'intérêt de tous, dans le désir d'une exécution amiable du règlement : elle serait l'intermédiaire utile entre l'administration et les intéressés ; utile, mais non pas indispensable, car et les fonctions du syndicat lui-même et les mesures prises pour l'exécution du présent règlement.

Les syndics veilleront à ce que les conditions imposées à tout établissement d'usine, de barrage, de vanne d'irrigation ou de dérivation d'eau quelconque, soient strictement observées.

Ils s'assureront que les gardes-rivières remplissent exactement leurs devoirs. Ils leur remettront toutes les instructions (1) convenables *pour les diriger dans la surveillance à exercer en conformité du règlement.*

Les syndics n'auront pas qualité pour réprimer directement, ni pour ordonner l'exécution d'office des travaux, mais ils rendront compte au préfet et provoqueront au besoin la répression de tous les abus et des infractions au présent règlement en particulier, ainsi qu'aux lois et règlements qui régissent les cours d'eau en général.

Ils seront en outre chargés de rechercher et de proposer à l'administration toutes les mesures d'utilité générale qui auraient pour but l'amélioration du régime des eaux.

Gardes-rivières.

Article 7.

La surveillance journalière à exercer pour assurer l'exécution des dispositions prescrites par le présent règlement sera confiée à un garde principal des eaux, ayant quatre gardes-rivières sous sa direction.

Ces agents seront chargés de constater les contraventions, de présider à la répartition et à la distribution des eaux entre les riverains d'après l'ordre établi, et de veiller à l'entretien des digues et des berges, au comblement des bétoires existant dans le lit de la rivière ou sur les prairies riveraines, à l'exécution des travaux de curage, d'ébergement et de fauchage, et généralement à tout ce qui peut intéresser le bon emploi, la conservation et le libre écoulement des eaux.

entièrement indépendante à son égard, l'administration et les particuliers n'en auraient pas moins toute liberté d'action.

Les dispositions ci-contre conformes à celles qui ont été insérées dans les règlements de plusieurs rivières du département de Seine-et-Oise, s'accordent avec l'opinion émise par la majorité des membres composant la commission de 1841.

Le syndicat sera chargé en effet de veiller à l'exécution du règlement, de diriger la surveillance à exercer par les gardes-rivières, de donner son avis sur le mode d'application des règles admises, de recevoir les plaintes dans le but de concilier, de désigner les intéressés qui auront à contribuer aux frais de surveillance, de signaler les abus et de proposer toutes les améliorations jugées convenables.

Mais rien ne sera fait par lui que sous l'autorité et sauf l'approbation du préfet, sous les ordres ou à la requête duquel la répression et la poursuite des contraventions ainsi que l'exécution d'office des travaux continueront d'avoir lieu.

L'administration conservera d'ailleurs toute liberté d'action, en dehors du syndicat, soit pour assurer l'exécution du règlement, soit pour toutes les nouvelles mesures à adopter selon les formes ordinaires dans un intérêt de police générale.

Dans la commission de 1841 (page 32 du procès-verbal), on a paru admettre que quatre gardes-rivières suffiraient.

On propose ici seulement de les placer sous la direction d'un garde principal, afin qu'il y ait plus d'ensemble dans la surveillance et que le syndicat et les ingénieurs puissent mieux s'en faire rendre compte.

Le garde principal et les gardes-rivières sont placés tout à la fois sous les ordres des ingénieurs et sous les ordres du syndicat.

---

(1) Dans la première rédaction, ce paragraphe se terminait ainsi : *qu'ils jugeront convenables, pourvu qu'elles ne soient pas contraires au présent règlement ni aux ordres des ingénieurs.*

Le garde principal aura sa résidence à Évreux. Il étendra sa surveillance sur tout le cours de l'Iton, de ses dérivés et de ses affluents dans le département de l'Eure.

Quant aux gardes-rivières, les limites assignées à chacun d'eux dans la vallée seront fixées par le préfet sur la proposition du syndicat ; toutefois, chacun de ces agents aura le droit de constater les contraventions qui pourraient être commises sur tout le cours de la rivière.

Le garde principal et les gardes-rivières seront sous les ordres du syndicat et des ingénieurs. Les gardes-rivières seront de plus soumis à la surveillance des maires des communes traversées par l'Iton, ses dérivés et ses affluents.

Le garde principal devra se rendre aux réunions trimestrielles du syndicat et à toutes celles où il serait appelé pour y rendre compte de son service et recevoir les instructions que le syndicat aurait à lui donner.

Article 8.

Le garde principal et les quatre gardes-rivières seront nommés par le préfet, sur la présentation du syndicat.

Ils devront avoir 25 ans accomplis et prêteront serment en justice à leur entrée en fonctions.

Tout candidat à la place de garde principal devra justifier d'un certificat de capacité, délivré par un ingénieur en chef des ponts et chaussées, constatant qu'il possède les connaissances nécessaires.

Le traitement du garde principal est fixé à douze cents francs par an. Le salaire annuel de chaque garde-rivière est fixé à cinq cents francs par an.

Ces agents pourront en outre recevoir des gratifications, comme récompense du zèle et de l'activité qu'ils apporteront dans l'exercice de leurs fonctions.

Sur la proposition du syndicat, le nombre des gardes pourra être augmenté ou diminué, et leurs traitements et salaires pourront être modifiés par un arrêté du préfet, soumis à l'approbation du ministre des travaux publics.

Répartition et recouvrement des frais divers.

ARTICLE 9.

Quant à présent, les dépenses du personnel des gardes sont fixées à la somme annuelle de trois mille deux cents francs.

Les frais d'opérations, dans l'intérêt général de perception et autres, sont évalués à mille francs. En conséquence, la dépense totale qu'exigera la surveillance des diverses parties de la rivière d'Iton, de ses dérivés et de ses affluents, s'élèvera annuellement à quatre mille deux cents francs.

Le recouvrement de cette somme, ou de tout autre qui serait fixée ultérieurement par le préfet, sur la proposition du syndicat, aura lieu au moyen d'un rôle où seront compris tous les propriétaires des prairies qui profitent de l'irrigation, des moulins, usines et autres établissements industriels, situés sur le cours de l'Iton, de ses dérivés et de ses affluents.

Les propriétaires desdites prairies contribueront au prorata des contributions directes payées par les prairies ; et les propriétaires d'usines, au prorata des impositions payées par leurs usines et de la cotisation de leurs patentes.

ARTICLE 10.

Le rôle ci-dessus mentionné sera établi chaque année par les soins du directeur des contributions directes auquel le président du syndicat devra fournir la liste de tous les propriétaires qui doivent y figurer, en conformité de l'article précédent, et l'état général des dépenses à payer.

Ce même rôle, après avoir été rendu exécutoire par le préfet, sera délivré par extraits aux percepteurs des communes où résideront les divers contribuables. Lesdits percepteurs demeureront chargés d'en suivre le recouvrement par toutes les voies usitées en matière de contributions publiques.

Les sommes recouvrées seront versées, aux mêmes époques que celles provenant des autres contributions, à la caisse du receveur général des finances du département, qui les tiendra à la disposition du trésorier du

Cet article 9 est à peu près conforme aux articles 14 et 15 de l'ordonnance de 1833.

Dans la commission de 1841 (pages 52 et 53 du procès-verbal), on a paru d'avis de faire supporter aux deux catégories dans leur intérêt réciproque les frais de surveillance des gardes. Mais l'on a contesté la légalité des taxes établies.

C'est à tort : les taxes locales ne sont point fixées par les chambres. Les lois de finances se bornent à en autoriser le recouvrement selon la législation existante, qui se compose dans l'espèce des lois du 4 mai 1803 (14 floréal an xi) et 16 septembre 1807 (titre vii).

Le conseil d'État, en rejetant par arrêt du 23 juillet 1838 les requêtes présentées contre l'ordonnance de 1833, a déclaré que cette même ordonnance avait été rendue dans les limites des pouvoirs conférés à l'administration, notamment par les lois que l'on vient de citer, il a par conséquent reconnu qu'il avait été fait dans l'espèce une juste application de ces lois et qu'ainsi la taxe en question n'avait aucun des caractères d'illégalité qu'on lui imputait.

La cour de cassation, par arrêt du 23 mars 1838, a également reconnu la légalité de l'ordonnance et par suite de la taxe en question.

Article 10 ci-contre, comme aux articles 16, 17, 18 et 19 de l'ordonnance de 1833.

syndicat chargé d'effectuer le paiement des dépenses autorisées.

Les contestations relatives au recouvrement de ces rôles, aux réclamations des individus imposés et à la confection des travaux, seront soumises au jugement du conseil de préfecture, sauf recours au conseil d'État.

Irrigations.

ARTICLE 11.

Sur tout le cours de l'Iton, de ses dérivés et de ses affluents, l'irrigation des prairies riveraines ne pourra avoir lieu qu'au moyen de vannes de tête et seulement pendant les saisons, jours et heures qui seront fixés, en conformité du présent règlement, pour chaque partie de rivière.

Prises d'eau, vannes et barrages d'irrigation.

ARTICLE 12.

Les dimensions des vannes de prise d'eau seront, dans certaines limites, réglées généralement d'après l'étendue des prairies.

Le seuil étant placé à trente-trois centimètres (0^{m}33) au-dessous du plan d'eau, l'ouverture sera au plus, par chaque hectare arrosé, de seize centimètres (0^{m}16) pour les prairies dont le sol est, près de la prise d'eau, inférieur au niveau de la rivière, et de trente-trois centimètres (0^{m}33) pour les autres.

Les vannes de tête des rigoles de prise d'eau, autres que celles dont il sera parlé ci-après, ne pourront, dans aucun cas, avoir plus de soixante-cinq centimètres (0^{m}65) de largeur. D'un autre côté, afin que les dimensions des prises d'eau ne soient pas trop restreintes et leur nombre trop multiplié, il ne pourra en être placé sur une propriété arrosable de moins de vingt-cinq ares (0^{h}25^a) d'étendue, à moins qu'elle ne soit isolée, et sauf au propriétaire ayant une vanne, à rendre l'eau aux riverains inférieurs qui n'en auraient pas, en raison de la contenance de leur terrain.

Dans les parties de rivière de quatre-vingt-trois centimètres (0^{m}83) de hauteur d'eau et au-dessous, les seuils des vannes seront établis à trente-trois centimètres (0^{m}33) au plus en contre-bas du niveau de la

Suivant ce qui a été dit dans la commission de 1841 (pages 21 et 22, 27 et 28 du procès-verbal) :

Il ne doit pas y avoir de prescriptions rigoureuses de distances et d'espacements de vannes, mais la division des propriétés fait une loi d'être très-réservé en fait de nouvelles vannes à établir : autrement la multiplicité des prises d'eau arriverait à l'infini.

C'est ce qui fait que plusieurs pensent que l'administration, pour empêcher les abus et arrêter les envahissements, doit pouvoir s'appuyer sur une base certaine, et que sans la sage mesure d'une fixation de règle générale, il n'y a que bouleversement et désorganisation.

Les vannes doivent être étanches, mais l'obligation d'un bâtardeau d'un mètre cube de gazon est trop onéreuse.

La prohibition de toute vanne tirant de fond est instamment demandée. Il ne doit y avoir que de rares exceptions.

Une proportion équitable doit être établie entre la dimension des vannes et l'étendue des prairies à arroser. Il convient de respecter autant que possible les anciens règlements.

Les prescriptions ci-contre tendent au but indiqué par la commission de 1841.

On a limité les dimensions des vannes de prises d'eau, par rapport à l'étendue des prairies à arroser, par rapport à la longueur de la vallée, par un maximum et un minimum d'ouverture et par la position de leur seuil au-dessus du fond de la rivière.

La fixation des orifices de prises d'eau par hectare résulte des déclarations mêmes des propriétaires de prairies, lors des accessions de lieux.

Le maximum de largeur, porté à 0^m 65, est celui indiqué dans l'ordonnance du grand-maître des eaux et forêts de Rouen du 27 mars 1738.

La hauteur du seuil au-dessus du fond devra être généralement de 0^m 30 au moins comme dans l'arrêté du 22 pluviôse an x. Son mini-

7

rivière et à vingt centimètres (0^m20) au moins en contre-haut du fond du lit. Dans les parties où la profondeur d'eau est plus grande, les seuils devront toujours se trouver à cinquante centimètres (0^m50) au moins en contre-haut du niveau naturel du lit de la rivière.

La somme des ouvertures des vannes de prise d'eau, réglées et proportionnées suivant ce qui vient d'être dit, devra correspondre, pour les deux rives à la fois, dans les parties où l'irrigation a lieu, et par chaque subdivision de la vallée marquée par les retenues d'usines du bras principal, savoir :

Sur le bras forcé de Breteuil et sur celui de Verneuil jusqu'à cette dernière ville, à 0^m16 au plus par 78^m de long^r

Sur les autres parties de l'Iton supérieur, à 0^m33 id.

Sur le Rouloir, à.................... 0^m50 id.

Sur l'Iton inférieur, à............ .. 1^m id.

Article 13.

Par exception, les vannes de tête des grands canaux ne présentant aucune solution de continuité et faisant retour à la rivière, pourront, en raison de l'importance des prairies que ces canaux sont destinés à arroser, être maintenues dans des dimensions plus grandes que celles indiquées plus haut comme maximum de largeur et comme maximum de hauteur ; mais, dans ce cas, les vannes de prise d'eau pratiquées sur ces canaux, jointes à celles des autres bras de rivière, devront, dans chaque subdivision de la vallée, satisfaire aux conditions ci-dessus.

Article 14.

Les vannes de tête des prises d'eau devront fermer hermétiquement. Elles seront établies aux frais des propriétaires intéressés dans un pertuis formé de deux bajoyers et d'un radier, construits l'un et l'autre en pierre de taille ou en brique maçonnée avec mortier de chaux et ciment.

Sur le bras forcé de Verneuil jusqu'au Moulin-aux-Malades et sur le bras forcé de Breteuil jusqu'au Moulin-Neuf, chaque orifice de prise d'eau sera formé par un carré de seize centimètres (0^m16) de côté, pratiqué dans un fort madrier en bois de chêne de quinze centimètres (0^m15) d'épaisseur au moins. Ce madrier sera encastré solidement dans une maçonnerie de ciment de manière à prévenir toute infiltration par-dessous ou sur les côtés. La vannette s'adaptera en coulisse dans l'épaisseur même du madrier aussi jointivement que possible.

Article 15.

Tous les anciens barrages en rivière, non nuisibles et ayant pour objet l'irrigation, seront conservés. Ceux qui seraient fixes seront rendus mobiles. Chacun d'eux sera composé d'un pertuis en maçonnerie et d'un vannage qui devra présenter un débouché égal à la section moyenne de la rivière, et qui restera entièrement ouvert pendant tout le temps qui ne sera pas consacré à l'irrigation. La hauteur de la retenue d'eau permise pour le temps de l'irrigation sera fixée par un repère.

La commission de 1841 (page 49 du procès-verbal) a recommandé une surveillance spéciale et sévère sur les barrages.

Hors les temps d'irrigation, leurs vannes doivent être tenues ouvertes.

Article 16.

Toutes les vannes de barrage et de prise d'eau d'irrigation fermeront à clef. Leur manœuvre aura lieu par les soins de chaque propriétaire ou fermier de prairies. Lorsque plusieurs propriétaires auront droit à l'usage d'une même vanne ou d'un même barrage d'irrigation, ils seront tenus de choisir un garde-vanne, qui, dans ce cas, sera dépositaire des clefs et exclusivement chargé de la manœuvre et de tous les détails de l'irrigation. Les propriétaires de prairies seront solidairement responsables de toutes les contraventions dont les gardes-vannes, choisis par eux, pourront se rendre coupables. Les propriétaires et fermiers demeureront personnellement responsables de toutes celles qui pourraient avoir lieu de leur fait dans la manœuvre desdites vannes.

Une clef de chacune des vannes de flottage, faisant partie des barrages établis ou à établir sur le Rouloir et l'Iton inférieur, sera remise par le propriétaire de cette vanne au préposé en chef de ce service.

Il a été reconnu, dans la commission de 1841 (pages 22 et 30 du procès-verbal), que toutes les vannes de barrages et de prises d'eau d'irrigation devaient avoir des clefs.

L'article 16 ci-contre se rapporte aux articles 2 et 21 de l'ordonnance de 1833.

On y a ajouté qu'il devrait y avoir un garde-vanne, toutes les fois que plusieurs auraient droit à une même prise d'eau.

Article 17.

Les prairies qui, par la situation des lieux, ne peuvent pas rendre l'eau à la rivière, n'auront pas droit à l'irrigation. Sur toutes celles où des bétoires existent ou viendraient à se manifester, les propriétaires seront tenus de combler ces mêmes bétoires, au moyen de matières imperméables, comme des terres

Les dispositions ci-contre sont conformes aux prescriptions de l'article 5 de l'ordonnance du grand-maître des eaux et forêts de Rouen du 21 mars 1738 et de l'arrêté préfectoral du 17 février 1841.

La commission de 1841 a été plus loin : elle a exprimé l'opinion (p. 24 du procès-verbal) non-

glaiseuses et argileuses bien battues, de manière que les eaux ne puissent pas y être absorbées. Faute par eux d'avoir fait exécuter les travaux nécessaires pour boucher complètement lesdits bétoires aux époques fixées pour l'irrigation, les vannes de prises d'eau servant à l'arrosement de leurs prairies seront maintenues fermées et cadenassées sous la surveillance de l'autorité locale et des agents chargés de la police de l'Iton.

ARTICLE 18.

Les vannes et barrages d'irrigation, qui ne rentreraient pas dans les conditions ci-dessus, seront modifiés dans leurs formes, dimensions et emplacements et même supprimés s'il y a lieu.

Aucune nouvelle vanne de prise d'eau ne pourra être établie sans l'autorisation du préfet. Il en sera de même à plus forte raison des barrages d'irrigation.

Saisons et temps de l'irrigation.

ARTICLE 19.

L'irrigation des prairies riveraines de l'Iton, de ses dérivés et de ses affluents, aura lieu pendant les saisons d'usage, depuis le 10 mars de chaque année jusqu'au 25 juin, et depuis le 25 juillet jusqu'au 25 septembre, suivant ce qui sera expliqué et sauf les exceptions ci-après :

Sur l'Iton supérieur la durée de l'irrigation dans chaque saison est fixée, savoir :

1° En amont du Becquet, à 32 heures par semaine du samedi 8 heures du soir au lundi 4 heures du matin, lequel espace de temps sera divisé, s'il y a lieu, en deux parties, l'une de 24 heures du samedi 8 heures du soir au dimanche 8 heures du soir, et l'autre de 8 heures à prendre dans un autre jour de la semaine;

2° Sur le bras forcé de Verneuil, à 24 heures par semaine, du samedi midi au dimanche midi, jusqu'au Moulin-aux-Malades, et du samedi six heures du matin au dimanche six heures du matin, pour les prairies situées en aval de ce moulin, jusqu'à la jonction définitive du bras forcé de l'Iton avec la rivière d'Avre à Bâlines;

3° Sur le bras forcé de Breteuil, à 24 heures par semaine, du samedi midi au dimanche midi, seulement depuis le 15 mars jusqu'à la Saint-Jean, la deuxième

seulement que les prairies contenant des bétoires ne devaient pas arroser, mais encore que l'irrigation devait être interdite sur les terrains d'une perméabilité constante.

Au-dessus du Becquet, 32 heures suffisent, mais parfois l'eau manque par suite de l'irrégularité du cours de l'Iton dans l'Orne. C'est pour remédier à cet inconvénient que l'on a divisé la durée de l'irrigation en deux parties, dont 8 heures à prendre dans un autre jour de la semaine.

L'arrêté du 24 décembre 1808 spécial au bras de Verneuil ne permet l'irrigation qu'aux premières herbes, vingt-quatre heures par semaine du samedi midi au dimanche midi, mais les propriétaires d'usines eux-mêmes ont déclaré pendant l'enquête qu'ils ne s'opposaient pas à ce qu'on arrosât aux secondes herbes.

L'irrigation ne doit pas être simultanée dans toute l'étendue du bras de Verneuil. Au-dessous du Moulin-aux-Malades, elle commencera 6 heures plus tôt qu'au-dessus.

La commission de 1841 (pages 36 et 39 du

saison restant interdite dans cette partie où l'arrêt du parlement de Rouen du 2 juillet 1689 doit recevoir pleine et entière exécution, sans modification aucune, en ce qui concerne la durée de l'irrigation;

4° Sur les ruisseaux des trous de Corne et de Botte et sur le Mort-Iton, entre le Becquet et Condé, à tout autant qu'il pourra en être utilisé par semaine pendant les deux saisons, pour les prairies bordant ces cours d'eau, sans nuire à l'alimentation des villages de Cintray, Saint-Nicolas et Saint-Ouen-d'Attez ;

5° Depuis le confluent du bras forcé à Condé, jusqu'à Villalet et au-dessous, à 24 heures d'abord, du samedi midi au dimanche midi, puis à 8 autres heures le mercredi, de midi à 8 heures du soir entre Condé et Damville, et de 8 heures du matin à 4 heures du soir à Damville et au-delà.

Sur l'Iton inférieur, la durée de l'irrigation dans chaque saison sera :

1° Pour le Rouloir, soit : au-dessous des fontaines de Conches, de 32 heures par semaine dont 24 du samedi midi au dimanche midi et 8 heures un autre jour ; et depuis les fontaines de Conches jusques et y compris les prairies de Grenieuseville, de 36 heures du samedi 8 heures du matin au dimanche 8 heures du soir ;

2° Sur la commune de Glisolles, au-dessous des prairies de Grenieuseville et sur les communes de Gaudreville et de la Bonneville, jusqu'à la retenue de la forge, de 36 heures du samedi 8 heures du matin au dimanche 8 heures du soir, plus les mardi, mercredi et jeudi de 8 heures du soir au lendemain 4 heures du matin, soit ensemble 60 heures.

Sauf pour les prairies arrosées directement par l'Iton en aval du village de Glisolles, lesquelles ne pourront prendre l'eau que pendant les 36 heures du samedi 8 heures du matin au dimanche 8 heures du soir ;

procès verbal) a déclaré, à la majorité de 7 voix contre 2, que l'arrêt du 2 juillet 1689 devait continuer d'être appliqué au bras de Breteuil en observation constante des droits acquis.

L'arrêté du 24 décembre 1808 met l'entretien des trous de Botte et de Corne à la charge des communes de Cintray, St-Nicolas, et St-Ouen-d'Attez. Ces prises d'eau doivent donc avant tout pourvoir aux besoins domestiques des habitants desdites communes.

Entre Condé et Villalet on a demandé deux jours pour l'irrigation.

Il était convenable de maintenir l'irrigation du samedi au dimanche.

En désignant pour second jour le mercredi et en faisant commencer à Damville et au-dessous 4 heures plus tôt qu'en amont, on rendra l'arrosement des prairies plus facile.

Pour les meuniers de la partie inférieure, la durée totale de l'irrigation ne sera encore que de 36 heures, comme autrefois, selon l'ordonnance du 21 mars 1738.

Sur le Rouloir, on a demandé que le jour fût changé, au-dessus des fontaines de Conches, à cause de la forge des Vauxgouins qui cesse de marcher le dimanche.

C'est pourquoi l'on propose pour cette partie 8 heures un autre jour.

Au-dessous des fontaines, les 36 heures de l'ordonnance du 21 mars 1738 suffiront.

Ici, par suite de conventions particulières faites anciennement entre seigneurs, M. le Marquis de Clermont-Tonnerre, principal et presque unique propriétaire, s'attribue le droit d'arroser à son gré toute la semaine, sauf les lundis et vendredis.

Lesdites conventions ne peuvent engager les tiers, bien moins encore l'administration procédant par voie de règlement.

L'irrigation doit être limitée et réglée dans cette partie de la vallée comme partout ailleurs suivant la possibilité de la rivière.

En accordant, en plus des 36 heures du samedi et du dimanche, 24 heures à prendre en trois fois, le mardi, le mercredi et le jeudi (jours indiqués dans les transactions invoquées) l'on a fait tout ce qu'il était possible de faire.

3º En aval de la forge de la Bonneville, sur la seconde partie de la commune de ce nom, sur les communes d'Aulnay *et de* Bérengeville, et *sur la commune d'*Arnières *jusqu'au canal du Gord*, de 36 heures en deux fois et par 18 heures chaque fois, de 4 heures du matin à 10 heures du soir, les lundi et vendredi de chaque semaine.

4º *Sur la commune d'Arnières à partir de l'origine et en rive droite du canal du Gord*, sur les communes d'Evreux, Gravigny et Normanville, de 36 heures par semaine du samedi 8 heures du soir au lundi 8 heures du matin, plus pour les prairies des communes d'Evreux et de Gravigny qui ont été ou qui seront désignées à cet effet, et pour toutes celles de Normanville, de 8 autres heures le mercredi, depuis 8 heures du soir jusqu'au jeudi 4 heures du matin.

5º Au-dessous de Normanville jusqu'au confluent de l'Iton dans l'Eure, de 32 heures par semaine, du samedi midi au dimanche 8 heures du soir.

Règlements locaux pour l'emploi et la subdivision des eaux.

ARTICLE 20.

Les propriétaires *ou fermiers* de prairies et d'usines de chaque commune traversée par la rivière d'Iton, ses affluents et dérivés, devront, sur la convocation et sous la présidence du maire, se réunir pour nommer *entr'eux* à la pluralité des voix trois commissaires qui seront chargés de dresser, dans les limites fixées ci-

Il existe un règlement local, en date du 6 mai 1806, pour Bérengeville et Arnières, d'après lequel on peut arroser les lundi et vendredi de 2 heures du matin à 10 heures du soir; mais de fait, on ne commence l'irrigation qu'à 4 heures du matin.

Trente-six heures en deux fois par 18 heures chaque fois suffiront tant pour Arnières et Bérengeville que pour Aulnay et la Bonneville, depuis la forge.

Sur Evreux, un arrêté du 25 mars 1807 accorde un supplément de 8 heures à la prairie Duvaucel.

Sur Gravigny, un arrêté du 30 mai 1806 permet d'arroser deux fois par semaine les prés St-Nicolas, appartenant aux héritiers le Conte et Pollet et à l'hospice d'Evreux.

Sur cette même commune de Gravigny et sur celle de Normanville, un arrêté du 12 septembre 1816 avait accordé généralement 8 heures de plus le mercredi pour toutes les prairies, mais cet arrêté a été annulé par décision ministérielle du 13 novembre 1821 comme contraire aux titres que les parties faisaient valoir pour le maintien d'une irrigation plus étendue.

Les prétentions élevées ayant paru inadmissibles et inconciliables avec la jurisprudence actuelle et l'emploi abusif des eaux ayant de ce côté les conséquences les plus fâcheuses, on propose d'en revenir à un seul supplément de 8 heures le mercredi, lequel étant ajouté aux 36 heures indiquées du samedi au lundi, donnera une durée totale d'irrigation de 44 heures.

A cause des pertes d'eau qui ont lieu à Normanville, on propose de faire commencer l'irrigation 8 heures plus tôt dans la partie inférieure de l'Iton, où du reste 32 heures pourront suffire.

Disposition semblable à celles de l'article 4 de l'arrêté du 23 germinal an ix.

Le règlement général, ne pouvant prévoir et comprendre tous les cas particuliers, doit laisser à chaque localité l'initiative des propositions à faire pour le meilleur emploi des eaux

dessus tant pour les ouvertures de prise d'eau que pour la durée de l'irrigation, un projet de règlement local et particulier pour l'emploi et la subdivision des eaux dans chaque prairie.

Dans ce règlement les vannes de prise d'eau conservées seront numérotées. Les dimensions qu'elles devront avoir, le temps de les tenir ouvertes, la contenance des prairies à arroser, la manœuvre obligée des vannes de barrages et d'usines supérieures et inférieures seront indiqués.

Le projet présenté par les trois commissaires, dont un devra être propriétaire *ou locataire* d'usine, sera soumis à l'approbation du préfet, qui, sur l'avis du syndicat et des ingénieurs, en rectifiera et arrêtera définitivement les dispositions.

Lorsque plusieurs communes auront un intérêt commun au mouvement et à la distribution des eaux, les commissaires délégués de chacune d'elles se réuniront pour convenir entr'eux des mesures à proposer.

Si les propriétaires intéressés d'une commune refusent de procéder à la nomination de leurs délégués, le préfet les nommera d'office.

Article 21.

En cas d'insuffisance signalée pour certaines prairies de la durée de l'irrigation fixée ainsi qu'il a été dit plus haut, il pourra être ajouté un ou plusieurs jours, depuis 8 heures du soir jusqu'au lendemain 4 heures du matin. Des expériences comparatives seront faites pour justifier l'augmentation réclamée, et il ne sera statué sur la demande qu'après enquête dans toutes les communes situées en aval sur le cours de la section de l'Iton, correspondant aux prairies dont il s'agit. La décision du préfet portant fixation d'un supplément d'irrigation devra d'ailleurs être soumise à l'approbation du ministre des travaux publics.

Des expériences pourront également être faites pour reconnaître si l'irrigation d'hiver pratiquée en janvier et février ne présenterait pas d'assez grands avantages sur quelques points et ne pourrait pas avoir lieu sans nuire aux usines. Les arrêtés du préfet qui, après enquête dans les communes intéressées, seraient ren-

pendant tout le temps consacré à l'irrigation des prairies.

Cet article reproduit les dispositions de l'article 3 de l'arrêté du 25 germinal an ix, relatives à l'extension à donner à l'irrigation sur certains points de la vallée, en cas d'insuffisance reconnue.

Il réserve aussi la faculté d'étendre et de faire varier les limites des saisons.

Mais il indique que les divers changements qui seraient proposés à ce sujet ne pourront avoir lieu qu'après expérience comparative, enquêtes et approbation du ministre, afin que les intérêts des tiers soient sauvegardés.

dus à cet effet, devront aussi être soumis à l'approbation du ministre des travaux publics.

• Toutefois, le préfet pourra, dans les règlements locaux, approuver tout changement dans la fixation des saisons, qui, sans augmenter le temps d'arrosement, ferait commencer plus tôt l'irrigation soit des premières, soit des deuxièmes herbes pour une même partie de la vallée.

Entretien de la rivière, curage, fauchage, plantation.

ARTICLE 22.

Il sera procédé tous les (1) *neuf* ans au curage général de la rivière d'Iton, de ses bras et dérivés, de ses sources et de ses affluents, des faux rus et canaux de décharge qui en dépendent, sous la surveillance et l'inspection des ingénieurs des ponts et chaussées, du syndicat, des maires et des gardes-rivières.

Les époques précises du commencement et du terme de cette opération seront déterminées par le préfet sur l'avis du syndicat. L'arrêté pris à cet effet par ce magistrat déterminera l'ordre dans lequel les travaux seront effectués et prescrira toutes les mesures nécessaires pour en assurer la bonne exécution.

Indépendamment de (2) *ce curage général tous les neuf ans*, le préfet pourra, sur la proposition du syndicat et de l'ingénieur en chef, en ordonner d'extraordinaires toutes les fois que les circonstances l'exigeront, et même désigner d'avance les parties qu'il y aurait lieu de curer tous les ans.

Aux termes de l'article 7 de l'arrêté du 16 prairial an x, consacré par l'ordonnance de 1833 en ce qui concerne l'Iton, les propriétaires d'usines et de prairies sont tenus de curer deux fois par an.

Jusqu'ici on n'y a pas tenu la main. Des curages ont eu lieu, mais partiellement et dans certaines localités, tous les 9 ans. Ce n'est guère qu'en 1843 qu'un curage général a été exécuté.

Dans la commission de 1841 (page 33 du procès-verbal) on a été unanime sur la nécessité du curage. On a dit qu'à l'avenir il devrait être fait tous les trois ans.

ARTICLE 23.

Les travaux de chaque curage périodique ou extraordinaire, tant sur l'Iton supérieur que sur l'Iton inférieur, seront exécutés conformément à l'usage établi et aux anciens règlements, par les propriétaires riverains, savoir : sur toute la largeur du lit, par le propriétaire des deux rives, et sur la moitié seulement, par le propriétaire d'une seule rive, le tout sauf les servitudes et charges particulières.

L'ordonnance de réformation du 21 mars 1758, concernant la police des rivières du ressort de la maîtrise de Pacy, porte en son article 6 que tous meuniers et propriétaires adjacents seront tenus, *chacun en droit soi*, de faire curer et faucher lesdites rivières. Aussi, l'usage établi sur l'Iton, comme sur toutes les rivières de l'ancienne maîtrise de Pacy, est-il que chacun doit curer et faucher au droit de sa propriété.

(1) Dans la première rédaction, le délai était fixé à *trois ans*.

(2) La première rédaction portait, au lieu de *ce curage général tous les neuf ans*, les mots : *ces curages triennaux*.

Article 24.

. Le curage sera fait à vif fond et jusqu'à la découverte des soles gravières, qui ont pu être placées anciennement, de manière à donner autant que possible au plafond une pente en long régulière et uniforme.

Il comprendra l'ébergement, l'enlèvement des accrues et l'élargissement des parties de rivières qui se trouvent trop étroites ou qui forment des étranglements.

Sont également compris dans les opérations du curage l'arrachage de tous les arbres, souches, branches et buissons qui se trouvent sur la ligne des ébergements et l'enlèvement de tous les roseaux, des broussailles et de leurs racines, qui nuisent au libre écoulement des eaux.

Article 25.

Les élargissements se feront en rectifiant autant que possible les lits des cours d'eau, de manière à couper les courbes et les angles saillants. Dans les parties droites ils auront lieu en prenant également sur les deux rives.

Les vases, matières quelconques et déblais provenant du curage seront jetés sur les rives à soixante-cinq centimètres (0ᵐ 65) au moins de distance des bords, de manière qu'ils ne puissent pas retomber dans la rivière : dans aucun cas, on ne pourra les déposer sur les talus intérieurs.

Même sur les parties flottables, le Rouloir et l'Iton sont entretenus par les riverains qui jouissent de la pêche. La sentence de la vicomté de l'eau du 27 avril 1778 rappelle que c'est pour eux une obligation.

Lorsqu'un barrage d'usine est de nouvelle création, on met d'ordinaire le curage à la charge du propriétaire de ce barrage dans toute l'amplitude du remous. Il n'en est pas de même lorsque le barrage de l'usine est ancien, et sert aux propriétaires riverains pour l'irrigation de leurs prairies et autres besoins. Ceux-ci sont dispensés de l'entretien et de la reconstruction du barrage de retenue, il est juste qu'ils soient chargés du curage. L'usage et les anciens règlements applicables à l'Iton sont d'accord à ce sujet.

C'est pour prévoir le cas où le curage de certaines parties de rivières aurait été mis à la charge de tiers non riverains que l'on a mis à la fin de l'article 23, sauf les servitudes et charges particulières.

L'arrêt du parlement du 2 juillet 1689 enjoint aux riverains de couper les bois, racines, etc., qui peuvent retarder le cours des eaux.

L'article 7 de l'arrêté du 25 germinal an IX recommande de ne pas le laisser obstruer ni resserrer par les plantations, etc.

Un arrêté préfectoral en date du 15 septembre 1810, rendu pour le bras forcé de Verneuil, a indiqué cette distance de 0ᵐ 65 pour le rejet des terres (art. 5).

8

Les berges, digues et chaussées seront partout réparées avec le plus grand soin et fortifiées de manière à éviter les infiltrations et pertes d'eau. Les curures seront employées à recharger les digues et chaussées, dans les endroits où elles n'auront pas les dimensions convenables.

On ne pourra établir de rigole parallèle à la rivière qu'à trois mètres (3ᵐ) au moins du bord, afin d'empêcher les infiltrations et pertes d'eau. Toutes celles qui ne seront pas à cette distance seront bouchées sur toute leur longueur lorsque le niveau des eaux ordinaires se trouvera plus élevé que le fond de ces rigoles.

Dans les parties où le lit de la rivière atteint les couches perméables du sol et où il existe des bétoires, les propriétaires riverains seront tenus de boucher lesdits bétoires avec des terres glaiseuses, de manière à prévenir l'absorption des eaux.

Aux termes de l'arrêt de 1689, les riverains doivent réparer chacun en *droit soi* les chaussées, les tenir en tel état de hauteur et largeur que l'eau ne puisse se perdre.

L'article 5 de l'arrêté du 22 pluviôse an x contient une prescription semblable.

L'arrêté préfectoral du 15 septembre 1810, relatif au bras forcé de Verneuil, porte que les rigoles parallèles devront être établies à 4 mètres du bord.

Les dispositions des articles 23, 24 et 25 ci-contre sont d'ailleurs conformes à ce qui est prescrit par l'arrêté du 12 mai 1843.

Article 26.

Les propriétaires riverains, outre les travaux de curage, d'ébergement et autres ci-dessus prescrits, auront encore à faire exécuter dans les mêmes parties de rivières le fauchage des herbes, deux fois par an, dans les mois de mai et de septembre et plus souvent si le besoin s'en fait sentir. Les fauchages extraordinaires pourront être ordonnés dans chaque commune par l'autorité locale.

Pour les parties de rivières où l'usage et des règlements spéciaux ont mis le fauchage des herbes à la charge des usiniers, les riverains continueront d'en être dispensés.

L'obligation de faucher les rivières au moins deux fois par an a été imposée aux riverains par l'article 6 de l'ordonnance de réformation du 21 mars 1758 et par l'article 7 de l'arrêté du 13 thermidor an VIII.

Article 27.

Les maires devront veiller à l'exécution des travaux d'entretien de l'Iton et des différents cours d'eau qui en dépendent. Ils prendront les mesures nécessaires pour faciliter, sur tous les points, les opérations du curage et du fauchage, et ordonneront dans ce but tout établissement de bâtardeaux et toutes manœuvres de vannes qui seraient reconnues indispensables. Lorsqu'il devra en résulter un chômage un peu prolongé des moulins et usines, l'avertissement sera donné huit jours au moins d'avance.

La commission de 1841 (page 35 du procès-verbal) a représenté que pour la surveillance du curage des agents de l'administration devraient venir en aide aux maires.

Ils seront secondés par les gardes-rivières et au besoin par les agents des ponts et chaussées.

ARTICLE 28.

Faute par les propriétaires riverains d'avoir exécuté les ouvrages qui les concernent, comme aussi dans le cas où il serait à craindre que ceux commencés par lesdits propriétaires ne fussent pas achevés aux époques fixées, il sera placé des ouvriers d'office au compte des retardataires et tenu état des dépenses par les maires de chaque commune, qui seront secondés à cet effet par les gardes-rivières. Ces états seront transmis au préfet en double expédition, pour être rendus exécutoires. Le recouvrement des frais auxquels donneront lieu les travaux, y compris l'indemnité de surveillance due aux gardes-rivières et réglée par le préfet, sera poursuivi comme en matière de contribution publique.

Les frais extraordinaires de bâtardeaux et autres jugés nécessaires seront acquittés par les propriétaires intéressés, conformément au rôle de répartition, qui aura été dressé, en double expédition, dans chaque commune, d'après le relevé de la contribution foncière des propriétés immédiatement contiguës au cours d'eau. Les rôles de répartition seront rendus exécutoires en vertu de l'article 3 de la loi du 14 floréal an XI.

Dans le cas où ces rôles seraient trop difficiles à établir, les frais dont il s'agit pourront être mis à la charge des communes.

Les dispositions ci-contre ont pour but d'assurer l'exécution d'office des travaux, ainsi qu'il avait été prévu par l'article 11 de l'arrêté du 16 prairial an X, et par application de l'article 3 de la loi du 14 floréal an XI.

ARTICLE 29.

L'ingénieur en chef fera constater l'achèvement des opérations et travaux relatifs à chaque curage, dans des procès-verbaux de visite donnant par commune la situation des différents cours d'eau dépendant de l'Iton.

L'état et la largeur de chaque cours d'eau une fois déterminés et réglés par les travaux de curage, aucune plantation ne pourra être faite à moins de un mètre trente centimètres (1 m 30) de distance du bord.

Néanmoins, les arbres actuellement existants à des distances moindres pourront être conservés s'ils ne forment pas saillie sur le lit des cours d'eau, sans préjudice des droits du concessionnaire du flottage, relativement à la servitude du marche-pied.

C'est le seul moyen de reconnaître si les travaux ont été partout complètement exécutés.

L'arrêté préfectoral du 15 septembre 1810 concernant le bras forcé de Verneuil avait indiqué 2 mètres de distance du bord pour les nouvelles plantations. On propose 1 mètre 30 qui est la largeur du marche-pied dû pour le flottage conformément à la sentence de la vicomté de Rouen du 27 avril 1778.

Moulins et Usines.

Article 30.

Des poteaux de repère conformes au modèle adopté dans le département fixeront, près de chaque moulin ou usine, en amont des râteliers des vannes motrices, le niveau légal de la retenue. Les propriétaires et exploitants d'usines demeurent responsables de la conservation desdits repères.

Chaque barrage d'usine sera muni d'un déversoir en bonne maçonnerie couronné par une assise en pierre de taille, d'une longueur égale à la largeur moyenne du cours d'eau et de vannes de décharge présentant une ouverture suffisante pour l'écoulement de toutes les eaux.

Le couronnement du déversoir et la crête des vannes de décharge seront arrasés au niveau correspondant au repère de l'usine.

La hauteur de la retenue d'une usine une fois régularisée et fixée, lorsqu'il s'agira seulement d'ajouter un déversoir ou d'augmenter la longueur de celui qui existe, il suffira d'un arrêté du préfet, qui pourra aussi prescrire l'établissement d'une vanne spontanée à côté du déversoir. Cette vanne, disposée de manière à se lever dès que le point d'eau sera dépassé, aura pour but de mieux assurer le règlement du niveau de la retenue.

Tout vannage de décharge d'usine qui n'aurait pas un débouché suffisant sera augmenté en vertu d'un arrêté rendu par le préfet sur les propositions des ingénieurs. Les chapeaux de vannes devront être à une hauteur telle que le dessous de chaque ventail puisse être tenu levé au-dessus des plus hautes eaux connues. Le préfet ordonnera l'exhaussement des chapeaux de vanne *d'usines*, *de flottage ou autres*, reconnus trop bas.

Article 31.

Les propriétaires et exploitants d'usines devront manœuvrer leurs vannes de décharge de manière à ne pas laisser dépasser le niveau fixé par le repère. Il y aura contravention toutes les fois que, les vannes de décharge n'étant pas levées complètement, les eaux sur-

---

Les arrêtés des 6 fructidor an ix et 16 prairial an x, qui ont été consacrés par l'ordonnance royale du 31 juillet 1833, prescrivent de placer des repères à tous les barrages de moulins et usines.

Ces repères doivent toujours être placés en amont des râteliers.

Dans tous les règlements d'usine l'on prescrit l'établissement d'un déversoir au niveau du repère. Il est bon d'en faire de suite une obligation pour tous.

Sur la rivière d'Iton, dont le produit est assez faible et le régime fort irrégulier, les vannes de compensation présentent généralement de grands inconvénients : elles seront remplacées avec avantage par les vannes spontanées. Plusieurs usines en sont ou vont en être pourvues. Il devra en être établi partout où l'on a besoin d'une tenue d'eau bien réglée.

Lorsque l'intérêt public le commande, la construction de déversoirs, l'élargissement des vannes de décharge, leur arrasement au niveau du repère, l'exhaussement de leurs chapeaux, l'établissement de vannes spontanées doivent pouvoir être ordonnés par de simples arrêtés du préfet.

Les dispositions ci-contre relatives à la manœuvre des vannes de décharge sont conformes à celles prescrites par les arrêtés du 6 fructidor an ix et du 16 prairial an x.

monteront le déversoir. Lorsque le repère ne sera pas atteint, ils ne devront faire aucun écoulement d'eau autre que celui qu'exige la marche ordinaire de leurs usines.

Pour le moment de l'irrigation et pendant toute sa durée, ils devront se conformer aux dispositions particulières des règlements locaux approuvés par l'administration.

Lorsque les prairies arrosent, la marche des usines doit être subordonnée aux besoins de l'irrigation.

Article 32.

En cas de crues extraordinaires et d'orages, les exploitants des usines situées sur l'Iton, ses dérivés et ses affluents, devront prendre tous les moyens que la prudence et l'intérêt de l'agriculture et des établissements voisins commanderont, pour éviter les débordements et les inondations. Leurs vannes de décharge seront ouvertes de manière à prévenir le débordement en amont, mais d'un autre côté elles ne devront pas être levées sans nécessité et sans urgence constatée, de manière à envoyer en aval un volume d'eau plus considérable que celui qu'ils auront reçu. S'ils refusaient ou négligeaient d'exécuter la manœuvre de leurs vannes en temps utile, il y serait procédé d'office et à leurs frais par le maire de la commune, et ce indépendamment de l'amende encourue pour contravention au présent règlement et de toute action civile dont ils seraient passibles pour raison des pertes et dommages résultant de leur refus et de leur négligence.

Les dispositions ci-contre sont de droit : elles ont été insérées dans le règlement comme avertissement.

Poursuite et répression des contraventions.

Article 33.

Les contraventions aux dispositions du présent règlement et des arrêtés et règlements antérieurs qui ne lui sont pas contraires, seront constatées par des procès-verbaux dressés par les gardes-rivières, les employés des ponts et chaussées et tous autres agents de l'autorité ayant qualité à cet effet. Ces procès-verbaux *pourront être enregistrés en débet. Ils* seront remis au président du syndicat qui donnera son avis et adressera les pièces au préfet. Ce magistrat fera poursuivre les contrevenants devant le tribunal compétent conformément aux lois.

Les règlements antérieurs contiennent quelques prescriptions spéciales laissées en dehors du présent règlement.

On peut citer celles concernant les bras forcés de Breteuil et de Verneuil et celles relatives à la pêche, aux Routoirs, etc.

Il convient d'en maintenir l'application dans tout ce qui ne serait pas contraire au nouveau règlement.

Tous les agents de surveillance relèvent de l'autorité du préfet.

La poursuite des contraventions constatées par eux dans l'intérêt de l'ordre public devra avoir lieu à la requête de ce magistrat.

Article 34.

Toute disposition contraire à celles du présent règlement est et demeure rapportée.

Disposition transitoire.

Article 35.

Un mois au plus après la promulgation de l'ordonnance à intervenir, il sera procédé à l'élection des candidats aux fonctions de syndics et de suppléants, ainsi qu'il est prescrit à l'article 3.

Le syndicat une fois constitué devra avant tout dresser l'état de ce qui reste dû aux anciens gardes et la liste des propriétaires qui devront être portés sur le rôle particulier à rendre exécutoire pour le paiement de cet arriéré.

Il faut bien que ce qui est légitimement dû soit payé.

Le présent projet de règlement dressé et présenté par l'ingénieur en chef chargé du service de l'Iton.

Evreux le 23 août 1844.

Amédée MÉRY.

Modifié après l'enquête du mois d'octobre 1844, conformément à notre rapport en date du 10 juin 1845.

Amédée MÉRY.

PROPOSITION
DÉFINITIVE
APRÈS L'ENQUÊTE
SUR LE
Projet de Règlement.

RAPPORT *de l'Ingénieur en chef chargé du service de l'Iton, sur le résultat de l'enquête de 1844, et proposition définitive concernant le nouveau projet de règlement de cette rivière.*

Le nouveau règlement que nous avons proposé pour la police des eaux de la rivière d'Iton, de ses dérivés et de ses affluents, a été soumis à l'enquête dans le courant du mois d'octobre 1844.

Ce projet ayant été publié et affiché dans toutes les communes traversées par l'Iton, les propriétaires intéressés ont été invités à en prendre connaissance et à présenter leurs observations sur les dispositions qu'il renferme.

Tous les documents qui ont servi de base à nos propositions ont été, conformément à la lettre de M. le Sous-Secrétaire d'Etat des travaux publics du 28 juin 1841, déposés au greffe de la mairie d'Evreux et mis à la disposition de tous ceux qui ont voulu les consulter.

D'après ce qui a été déclaré par M. le Maire d'Evreux, peu de personnes sont venues, pendant le délai de l'affiche, prendre communication des différentes pièces produites à l'appui du dispositif du règlement proposé.

Sans se rendre compte des motifs qui, en raison de la situation des lieux, des abus depuis long-temps signalés, des prescriptions anciennes à maintenir et à faire observer, des intérêts particuliers à ménager et à défendre, et de l'intérêt général à faire prévaloir, ont pu nous porter à adopter telle disposition plutôt que telle autre ; chacun s'est attaché à combattre ce qui pouvait contrarier ses vues et apporter quelque gêne dans l'emploi qu'il a pu faire des eaux de l'Iton, en l'absence d'un mode efficace de surveillance.

Aussi, est-ce plus particulièrement contre le maintien des gardes-rivières que se sont élevés tous ceux qui avaient attaqué le plus vivement l'ordonnance réglementaire du 31 juillet 1833. On reprochait à l'ancien règlement de n'être pas exécutable : aujourd'hui, l'on fait tout pour que le nouveau règlement ne puisse pas être exécuté.

Il est résulté de là que presque toutes les observations et réclamations présentées en dernier lieu ne sont que la reproduction de ce qui avait été dit antérieurement, soit pendant l'enquête de 1832, soit pendant celle de 1842.

Les considérations développées dans notre mémoire du 23 août 1844 et les notes explicatives annexées au dispositif du projet de règlement ont répondu d'avance à la plupart des objections présentées ; mais, pour que les réponses pussent être plus facilement saisies, nous avons cru devoir les reproduire et les compléter pour chaque article au moyen d'annotations mises en regard des observations qui s'y rapportent.

Nous avons donc, après avoir fait l'analyse par commune de toutes les réclamations présentées pendant l'enquête sur les divers articles du projet de règlement, récapitulé séparément ce qui concerne chacun de ces articles.

Nous joignons au présent rapport, sur deux cahiers séparés, cotés 460 et 461, l'analyse dont il s'agit et l'énoncé par articles des observations résultant de la dernière enquête.

Nos réponses, mises en marge de cet énoncé, font connaître ce qui doit être maintenu et ce qui peut être modifié. Elles viennent résumer tout ce qui a été dit et contiennent tous les éclaircissements nécessaires pour bien faire apprécier de suite l'état de la question et mettre l'administration à même de prononcer avec entière connaissance de cause.

Nous nous sommes seulement réservé de répondre de nouveau ici à l'observation relative aux droits acquis, que plusieurs propriétaires ont renouvelée, en demandant l'insertion dans le nouveau règlement d'une clause portant : « qu'il n'est rien préjugé sur les droits de possession ou » de propriété que les riverains ou autres particuliers pourraient se croire fondés à prétendre et » dont la connaissance appartient aux tribunaux. »

Une semblable disposition semblerait remettre tout en question et laisserait supposer que les règles établies pour la hauteur des barrages, pour la quotité des prises d'eau et pour les jours et la durée de l'irrigation, ne sont pas applicables à tous ; tandis que d'après les principes posés par les lois des 20 août 1790 et 6 octobre 1791, et consacrés par une longue suite d'arrêts du conseil d'Etat, il est au contraire bien reconnu que ce sont toutes choses que, dans l'intérêt commun des riverains, l'administration est appelée à déterminer sans qu'aucune exception puisse être admise, et sans que l'on puisse invoquer contre les mesures ordonnées aucuns moyens de prescription.

Lorsque l'intérêt général ne se trouve pas engagé, la connaissance des contestations entre particuliers et des droits sur un cours d'eau résultant pour eux, soit d'une longue possession, soit de conventions réciproquement consenties, appartient exclusivement aux tribunaux. Cela n'est pas douteux et n'a pas besoin d'être écrit dans un règlement.

Mais lorsque l'administration, procédant par voie de règlement dans des vues d'intérêt général, intervient pour régulariser l'emploi des eaux et faire comme la part de chacun, le pouvoir judiciaire ne peut plus avoir aucune action et il n'est pas possible d'admettre des réserves, à la faveur desquelles des tiers ne manqueraient pas de vouloir s'attribuer sur les eaux un droit absolu.

Nous sommes donc d'avis qu'il n'y a point lieu de faire mention de ce que l'on appelle droits acquis sur la rivière d'Iton et qu'il ne doit être rien spécifié à cet égard dans le projet de règlement.

Nous transcrivons à la suite du présent rapport le dispositif de ce projet de règlement tel que nous proposons définitivement de le rédiger.

Afin que l'on puisse mieux reconnaître en quoi consistent les modifications effectuées par suite de la dernière enquête, nous les avons indiquées à l'encre rouge sur le projet primitif (*pièce du dossier cotée n° 351*).

PROJET DÉFINITIF DE RÈGLEMENT.

Nota. *Ainsi que cela a été expliqué ci-dessus, le projet de règlement qui précède ce rapport fournit la rédaction définitive, ce qui dispense de reproduire ici cette rédaction.*

Fait à Evreux, le 10 juin 1845.

L'Ingénieur en chef chargé du service de l'Iton,
Amédée MÉRY.

RÉSUMÉ par article du projet de règlement et par commune des observations présentées pendant l'enquête de 1844, et réponse à ces observations.

Nota. *A l'appui du rapport du 10 juin 1845, il avait été produit à la fois une analyse des observations présentées dans chaque commune lors de l'enquête de 1844, et le résumé par article desdites observations, avec la réponse à ces observations.*

Il a paru inutile de reproduire ici cette analyse, le résumé par article offrant un classement qui rend les observations plus faciles à saisir.

Numéros des articles du projet de règlement.	NOMS DES COMMUNES.	RÉSUMÉ des observations présentées sur chaque article pendant l'enquête de 1844.	RÉPONSES DE L'INGÉNIEUR EN CHEF chargé du service de l'Iton.
Art. 1er.	Verneuil....	Plusieurs propriétaires d'usines et de prairies prétendent que le bras forcé de l'Iton cesse à la Tour-Grise, à Verneuil, et que, de là à Bâlines, le cours d'eau a toujours été considéré comme étant la rivière d'Avre.	A la Tour-Grise de Verneuil, le bras forcé de l'Iton se trouve lié à un bras dérivé de l'Avre, qui n'est pas le canal du Thalweg de la vallée. Ce n'est qu'au-dessous du moulin de Bâlines que le bras forcé de l'Iton rejoint le lit naturel de la rivière d'Avre.
	Glisolles....	Observations de M. le Duc de Clermont-Tonnerre. Les sources de Gaudreville doivent rester en dehors de toute classification. D'un autre côté, pourquoi ne paraître comprendre le Rouloir dans la classification de l'Iton inférieur qu'à partir du chantier de Conches? On fait observer aussi que le Rouloir n'est pas flottable par lui-même et ne doit pas être indiqué comme tel.	Aussi, dans la délibération du conseil municipal de Verneuil et dans les observations présentées à Bâlines, le bras forcé de l'Iton est-il considéré comme s'étendant jusqu'au-dessous du moulin de Bâlines. Quelques usiniers, seulement en très-petit nombre, ont exprimé une opinion contraire. Le cours des eaux ne se trouve interrompu complètement dans le Sec-Iton que dans les sécheresses lorsque les bétoires de Villalet ne sont pas convenablement bouchés. Les sources de Gaudreville, qui viennent grossir le filet d'eau du Sec-Iton, marquent la séparation entre l'Iton supérieur et l'Iton inférieur. Les droits du propriétaire du fonds sur lequel les sources de Gaudreville sont situées n'empêchent pas qu'à partir du point où l'Iton reçoit l'eau de ces sources, cette rivière ne puisse être réglementée comme dans les autres parties de son cours. Il en est de l'Iton à Gaudreville comme de la partie supérieure du Rouloir qui, elle aussi, se trouve comprise dans le projet de règlement, à partir des sources du Vieux-Conches. L'objection fondée sur ce que le Rouloir, n'étant pas flottable par lui-même, ne doit pas être rangé parmi les cours d'eau flottables, n'est pas sérieuse. L'on sait en effet que l'article 638 du code civil n'établit aucune dis-

Art. 2.	Bourth.....	Observations contre le syndicat.
	Francheville.	Le syndicat est inutile.
	Cintray	Mêmes observations.
	Gauville....	Un syndicat est inutile.
	Verneuil....	Mêmes observations.
	Bâlines.....	Le syndicat serait très-onéreux et ne pourrait donner son avis avec connaissance de cause.
	Glisolles....	Observations critiques sur l'institution du syndicat, par M. le Duc de Clermont-Tonnerre. Cette institution doit disparaître du règlement qu'elle complique inutilement.
	Bérengeville.	L'institution du syndicat est inutile.
	Arnières....	On proteste contre l'institution du syndicat. Attaques violentes contre le projet de règlement par MM. le Vicomte de Fayet et Bordeaux juge, propriétaires à Arnières.
	Normanville.	Suivant M. le Marquis de Champigny il faudrait retrancher du projet de règlement tous les articles relatifs à la commission syndicale.

tinction entre les rivières flottables par artifice et celles qui le sont de leur propre fonds.

L'utilité d'un syndicat, lorsque des intérêts privés divergents se trouvent en présence, ne saurait être contestée.

Dans la commission de 1841, composée de cinq délégués des propriétaires de prairies et de cinq délégués des propriétaires d'usines appelés à délibérer sur les questions relatives à l'usage des eaux de l'Iton, un seul membre a déclaré qu'il repoussait toute commission syndicale.

Les autres membres ont admis cette institution avec quelque différence seulement dans l'application.

Art. 3.	Cintray.....	Le choix des syndics devrait être direct. Les locataires de prairies doivent jouir, avec le consentement écrit du propriétaire, de la faculté accordée aux locataires d'usines de faire partie du syndicat. La présidence doit être à la nomination des syndics.
	Verneuil....	La présidence devrait être à la nomination des syndics. L'élection des syndics devrait être directe. Pourquoi des syndics suppléants? Pourquoi astreindre les fondés de pouvoir à la présentation d'un mandat notarié?
	la Guéroulde.	Il serait préférable que le choix des candidats pour les fonctions de syndics et de suppléants fût fait par deux assemblées distinctes, l'une composée de propriétaires de prairies, l'autre formée par les propriétaires d'usines.
	Condé......	Sur les listes d'électeurs le revenu le plus important doit désigner la catégorie, soit comme

Pour que le président du syndicat puisse avoir toute liberté dans l'exercice de ses fonctions, il est indispensable qu'il soit pris en dehors des propriétaires d'usines et de prairies. Dès lors sa nomination appartient au préfet.

En ce qui concerne la nomination des syndics et de leurs suppléants en nombre égal, la voie d'élection a été unanimement demandée par la commission de 1841.

Tout en admettant le principe de l'élection, on a pensé qu'au milieu du conflit d'intérêts, qui existe depuis si long-temps dans la vallée de l'Iton, il ne fallait pas enlever à l'autorité sa part d'influence dans la composition du syndicat.

On a donc maintenu la disposition de l'article 7 de l'ordonnance de 1835 qui donne au préfet le droit de choisir les syndics et leurs suppléants sur une liste triple de candidats.

Il ne paraît pas convenable que les candidats soient nommés par deux assemblées distinctes composées l'une de propriétaires de prairies, l'autre de propriétaires d'usines. Ce serait former deux camps et empêcher qu'une sorte de

propriétaire d'usine, soit comme propriétaire de prairie.

On ne doit pas dire que ceux qui se trouveront à la fois sur la liste des propriétaires d'usines et sur celle des propriétaires de prairies ne seront pas remplacés sur cette dernière liste.

On doit accorder au locataire de prairie le droit de remplacer son propriétaire.

Roman.....

Pour la nomination des syndics, les propriétaires auront à donner leurs suffrages à des hommes dont ils ne connaissent pas la capacité.

Damville....

L'assemblée électorale sera nécessairement favorable aux usiniers, les propriétaires d'usines et de prairies tout-à-la-fois ne devant pas être remplacés sur la liste des propriétaires de prairie.

Il devrait y avoir deux assemblées électorales et deux sièges d'élection.

Plusieurs pensent que la nomination directe des syndics par le préfet présenterait plus de garantie.

les Minières.

Un syndicat nommé par le préfet offrirait plus de garantie. On éviterait aux propriétaires des déplacements onéreux.

Coulonges...

Pour l'Iton supérieur le siège de l'élection devrait être au centre de la contrée.

Glisolles. ...

Observations critiques de M. le Duc de Clermont-Tonnerre sur la nomination des syndics.

Arnières ...

Du moins l'élection des syndics devrait être directe.

Normanville.

(Voir l'observation de M. le Marquis de Champigny sur l'article 2).

fusion n'ait lieu entre les deux catégories d'intéressés.

D'un autre côté, s'il a été dit que dans l'assemblée électorale, telle qu'elle doit être composée d'après le projet de règlement, les propriétaires d'usines et de prairies tout à la fois ne seront pas remplacés sur la liste des propriétaires de prairies, c'est que l'on doit supposer que les propriétaires d'usines qui se trouvent parmi les plus imposés des propriétaires de prairies, seront plutôt dans l'intérêt des prairies.

Tout ce que l'on pourrait faire, ce serait d'ajouter après ces mots : « Sur la liste des plus imposés des propriétaires de prairies, » ceux-ci : *pour un chiffre de contribution plus important.*

On a demandé que sur les listes d'électeurs le revenu le plus important désignât la catégorie.

Il en résulterait que plusieurs propriétaires d'usines viendraient tenir la place de propriétaires de prairies sur la liste de ces derniers. Mieux vaut dans l'intérêt des prairies que les propriétaires d'usines qui se trouvent à la fois sur les deux listes ne soient pas remplacés sur celles des propriétaires de prairies.

Les élections de syndic ne devant avoir lieu que tous les deux ans, les déplacements seront peu fréquents. On peut donc très-bien se dispenser d'avoir deux assemblées électorales et deux sièges d'élections.

Assez de discussions ont eu lieu sur les questions relatives au règlement de l'Iton pour que généralement, dans les assemblées électorales d'Evreux, l'on puisse nommer les candidats aux fonctions de syndic avec connaissance de cause.

Les procurations sous seing-privé pour l'élection des syndics auraient plus d'un inconvénient.

Les intrigants obtiendraient trop facilement des gens faibles la faculté de les représenter.

Il paraît juste que les locataires de prairies puissent jouir avec le consentement écrit de leur propriétaire de la faculté accordée aux locataires d'usines de faire partie du syndicat. Le 7° paragraphe de l'article 5 sera modifié dans ce sens.

Art. 4. » Néant.

Art. 5. Cintray..... Pour le cas où l'on persisterait à vouloir un

Pour qu'il y ait unité de vue et pour éviter

syndicat, il est dit: que deux seraient nécessaires, l'un à Breteuil, l'autre à Evreux.

Verneuil.... Idem.—Pourquoi ne pas dire que le président, en cas d'empêchements, serait remplacé par le plus âgé ou par celui qui aurait eu le plus de voix ?

Le siège du syndicat ne peut être à Evreux, à une distance si éloignée de l'Iton supérieur. Il serait mieux à Breteuil.

Bâlines..... Le syndicat ne pourrait d'Evreux, à une distance aussi éloignée, donner son avis avec connaissance de cause.

la Guéroulde. Les suppléants devraient assister avec voix consultative à toutes les réunions du syndicat.

Damville.... Le vice-président devrait comme le président être nommé par le préfet, en dehors des deux catégories d'intéressés.

Glisolles.... Voir les observations critiques de M. le Duc de Clermont-Tonnerre.

Normanville. Idem. — De M. le Marquis de Champigny.

Art. 6. Damville... On ne doit pas supposer que le syndicat puisse donner des instructions contraires au règlement et aux ordres des ingénieurs.

Art. 7. Bourth..... Les gardes-champêtres et les juges de paix suffisent.

Francheville. Tout ce que feraient les gardes-rivières peut être fait par les maires, adjoints et gardes-champêtres.

Cintray..... Observations semblables.

Gauville.... A quoi bon des gardes-rivières ?

Verneuil.... Observations semblables.

Roman..... Le garde principal est inutile.

Damville.... Idem.

Coulonges... Idem.

le Sacq..... Idem.

---

des divergences fâcheuses d'opinion dans l'application du règlement, il faut un seul et même syndicat.

Dès lors, le siège de ce syndicat ne peut être ailleurs qu'à Evreux.

Rien n'empêche que les suppléants ne soient appelés par le président à assister aux réunions du syndicat avec voix consultative.

Si le vice-président peut ne pas être pris en dehors des catégories d'intéressés, il convient du moins que, choisi parmi les syndics, il soit désigné par le préfet.

La rédaction du paragraphe 7 de l'article paraît devoir être changée.

On pourrait le formuler ainsi qu'il suit :

Ils (les syndics) s'assureront que les gardes-rivières remplissent exactement leur devoir. Ils leur remettront toutes les instructions convenables pour les diriger dans la surveillance à exercer en conformité du règlement.

Les observations ci-contre font voir que ce que l'on redoute le plus c'est une surveillance efficace.

La commission de 1841 a cependant reconnu toute l'insuffisance des moyens actuels de surveillance.

Elle a paru admettre que l'on devait établir sur l'Iton et ses affluents quatre gardes-rivières.

On a proposé seulement de les placer sous la direction d'un garde principal, afin que la surveillance fût exercée avec plus d'ensemble et que le syndicat et les ingénieurs pussent mieux s'en faire rendre compte.

	Manthelon. .	Le garde principal est inutile.
	Villez.	Idem.
	Gaudreville .	Les gardes sont inutiles.
	Glisolles. . . .	Un garde sur le Rouloir a toujours été regardé comme un fléau pour le pays. Il est trop difficile de tenir l'eau au niveau du repère.
	Bérengeville.	Les gardes-rivières sont inutiles.
	Evreux.	Le maire craint que le personnel destiné à la surveillance ne soit insuffisant pour la répression de tous les délits.
	Arnières. . . .	On proteste contre l'institution des gardes qui serait si onéreuse pour les propriétaires de prairies et tout-à-fait inutile.
	Normanville.	On proteste contre l'établissement des gardes-rivières.

Art. 8. la Guéroulde.

Il est nécessaire que le préfet puisse pourvoir d'office aux nominations de gardes.

On ne doit pas supposer que le syndicat refuse de présenter à la nomination du préfet les gardes nécessaires pour la surveillance à exercer.

Art. 9. Francheville.

Si les usiniers veulent des gardes, ils peuvent en faire nommer, mais ils doivent les payer.

Cintray. . . . . Idem.
Verneuil. . . . Idem.

la Guéroulde. Le préfet devra, au besoin, pourvoir d'office à la fixation de la somme à recouvrer.

Aulnay. . . . . La plus grande partie des frais des gardes-rivières doit être payée par les usiniers.

Evreux. . . . . Le maire exprime l'opinion que le flottage doit coopérer aux frais de surveillance.

Normanville. On proteste contre le paiement des gardes-rivières.

St-Germain-des-Angles. On proteste contre les dispositions qui mettent à la charge des propriétaires de prairie les frais d'établissement du syndicat et le salaire des gardes.

Si les usiniers étaient seuls chargés du paiement des salaires on leur supposerait par cela même une sorte d'influence sur les gardes-rivières et les propriétaires de prairies n'en seraient que plus exaspérés contre ces agents.

La commission de 1841 a paru d'avis de faire supporter aux deux catégories dans leur intérêt réciproque les frais de surveillance des gardes.

Il ne peut d'ailleurs être question de faire contribuer le flottage aux frais d'une surveillance qui ne le concerne que très-indirectement.

Quant à la somme à recouvrer pour la dépense totale qu'exige cette surveillance, elle se trouve fixée d'avance. Il ne peut donc y avoir lieu par le préfet de pourvoir d'office à la fixation de cette somme.

Art. 10. la Guéroulde.

Le préfet devra, au besoin, pourvoir d'office à la désignation des propriétaires qui devront figurer sur le rôle.

La liste des propriétaires qui devront figurer sur le rôle ne pourra manquer d'être fournie, chaque année, par le président du syndicat.

Art. 11. Gouville . . . .

Observations de M. le Marquis de Chambray. On devra permettre de pratiquer sur certains

Il n'y aurait rien de fixe et par conséquent

points des saignées sans vannes de tête et d'arroser par regonflement.

Blandey. — Idem.

Art. 12. Francheville. — Les seuils des vannes de prise d'eau devraient être à 0ᵐ 45 du plan d'eau.

Verneuil. — On s'élève contre les dispositions relatives aux vannes d'irrigation.

Glisolles. — On ne doit pas circonscrire d'une manière absolue la position et les dimensions des vannes.

D'après la loi, le propriétaire a le droit d'arroser complètement, il doit seulement le faire sans abus.

Arnières. — Les dimensions et la position des vannes ne peuvent être fixées d'avance.

Normanville. — Les changements prescrits dans les dimensions des vannes d'irrigation blessent les droits acquis des propriétaires de prairies.

Art. 13. » — Néant.

Art. 14. Verneuil. — Il doit suffire d'astreindre les propriétaires à établir leurs prises d'eau de manière à les faire fermer hermétiquement.

Le moyen indiqué d'un carré pratiqué dans un madrier de bois ne paraît pas celui qui devrait être préféré.

Art. 15. les Minières. — On devrait dire quels sont les barrages nuisibles.

Villalet. — Interdire les barrages d'irrigation.

Glisolles. — Les barrages d'irrigation doivent être maintenus dans les dimensions qu'ils ont actuellement.

Normanville. — Les changements prescrits dans les dimensions

---

aucune règle possible dans la répartition des eaux, si l'on pouvait arroser au moyen de simples saignées sans vannes de tête.

Si l'on peut admettre que l'usage des eaux est de droit commun, l'on doit reconnaître aussi que l'exercice de ce droit est soumis à certaines règles commandées par l'intérêt public, et que, pour prévenir les abus, l'administration doit intervenir de manière à régler la hauteur des barrages, la quotité des prises d'eau, les jours et la durée de l'irrigation, sans que l'on puisse lui opposer les droits acquis.

Ne sait-on pas que la loi du 20 août 1790 exige que l'action de l'administration se fasse sentir et que l'on dispose toutes choses, de sorte que *les eaux soient dirigées autant que possible vers un but d'utilité générale, d'après les principes de l'irrigation.*

Dans le règlement proposé, nous nous sommes attaché surtout à poser certaines limites pour l'établissement et les dimensions des prises d'eau, qui puissent servir de base aux règlements locaux et aux autorisations spéciales que l'administration aura à accorder ultérieurement.

Si l'on veut que pour les prises d'eau de 0ᵐ16 (6 pouces) en carré conformément à l'arrêt du 2 juillet 1689, sur les bras forcés de Breteuil et de Verneuil, le seuil puisse être placé à plus de 0ᵐ 16 en contre-bas de la surface de l'eau, il faut nécessairement adopter la disposition indiquée d'un carré de 0ᵐ 16 de côté pratiqué dans un fort madrier et muni d'une vanne en coulisse.

Cette disposition n'est d'ailleurs que la reproduction de celle mentionnée dans l'article 5 de l'arrêté du 24 décembre 1808, relatif au bras forcé de Verneuil et dans l'arrêté plus récent du 2 mars 1844.

Il résulte des principes posés par les lois des 20 août 1790 et 6 octobre 1791 et appliqués dans une longue suite d'arrêts du conseil d'État, que l'administration est investie du droit de régler, dans l'intérêt commun des riverains, la forme et les dimensions de tous les ouvrages établis dans le lit des rivières. Elle peut toujours ordonner la suppression des

des barrages et canaux d'irrigation blessent les droits acquis des propriétaires de prairies.

barrages construits sans autorisation à quelque époque que ce soit, lorsqu'ils sont reconnus nuisibles.

Les mesures à prendre à ce sujet en ce qui concerne l'Iton et ses affluents seront subordonnées aux indications des règlements locaux des différentes communes.

ART. 16.   »   Néant.

ART. 17.   Verneuil....   On s'élève contre l'obligation de restituer l'eau à la rivière, qui sur les bras forcés rendrait toute irrigation impossible.

Condé......   On doit pouvoir dans certains cas ne pas rendre l'eau à la rivière.

On ne peut pas dire des prairies arrosées par un bras et s'égouttant dans un autre bras, qu'elles ne rendent pas l'eau à la rivière. Il est donc bien entendu que l'article 17 n'est pas applicable aux prairies qui ont fait l'objet des observations présentées dans les communes de Verneuil et de Condé.

ART. 18.   »   (Voir aux articles 12 et 15.)

ART. 19.   Bourth.....   Sur les bras forcés de Breteuil et de Verneuil l'irrigation devrait avoir lieu du 10 mars au 25 juin et du 25 juillet au 25 septembre.

On réclame l'irrigation pour les secondes herbes sur le bras forcé de Breteuil. — Abroger l'arrêt du 2 juillet 1689.

Dans notre réponse aux observations présentées sur l'article 19 nous suivrons l'ordre indiqué dans cet article.

ITON SUPÉRIEUR.

—

En amont du Becquet.

L'irrigation commençant 8 heures plus tard qu'en aval, n'aura pas sur les prises d'eau des bras forcés de Verneuil et de Breteuil l'influence fâcheuse que peut lui donner aujourd'hui une simultanéité complète.

Il ne paraît pas possible à cause des usines de reporter à un autre jour l'arrosement entier de la partie supérieure au Becquet.

Francheville.   On ne doit pas faire d'exception dans la durée de l'irrigation, accorder 32 heures en amont du Becquet, 36 heures dans l'Iton inférieur et 24 heures seulement sur les bras forcés. Il serait de toute justice de laisser arroser pour les secondes herbes sur le bras de Breteuil.

Bras forcé de Verneuil.

La combinaison proposée qui fait commencer l'irrigation au-dessous du Moulin-aux-Malades 6 heures plus tôt qu'au-dessus, nous paraît devoir donner satisfaction aux propriétaires de prairies sans trop étendre le temps de chômage des usines.

Cintray ....   Mêmes observations.

Le maire ajoute que pour que l'on pût arroser dans sa commune du samedi au dimanche, il faudrait que l'irrigation fût fixée en amont du Becquet, au vendredi ou au dimanche.

Nous ferons observer d'ailleurs que pour les prairies de Verneuil en aval de cette ville le bras forcé de l'Iton n'est plus réduit à lui seul; qu'il se trouve grossi de ce côté par une dérivation de l'Avre et par la fontaine de Poclay.

St - Nicolas - d'Attez.   On demande que l'irrigation ne puisse pas avoir lieu tous les jours sur les ruisseaux des trous de Botte et de Corne et qu'elle soit plus limitée que ne l'indique le projet de règlement.

Dans la commune de Bâlines, où il existe sur une longueur de 1,200^m, pour une prairie de peu d'étendue, 4 barrages de retenue facilitant l'irrigation, les 24 heures accordées suffiront grandement.

Saint - Ouen - d'Attez.   Prévenir les abus d'irrigation dans les communes de Francheville et de Cintray, afin que dans les temps de sécheresse les habitants de Saint-Ouen ne soient pas obligés d'aller chercher de l'eau avec leurs voitures pour leur usage personnel.

Bras forcé de Breteuil.

Nous ne pouvons que répéter ici ce que nous

Gauville....	S'en tenir à l'arrêté du 24 décembre 1808. Permettre l'irrigation aux secondes herbes; maintenir les prises d'eau des trous de Botte et de Corne dans leurs anciennes dimensions.
Verneuil....	Observations semblables à celles des communes de Bourth, Francheville, Cintray et Gauville.— On s'élève contre les dispositions relatives à la fixation des heures d'irrigation.
Bâlines.....	Dans le seul délai de 24 heures indiqué dans le projet de règlement et qui se trouve encore réduit par les irrigations supérieures, il serait impossible d'arroser.
Gouville et Blandey..	Observations de M. le Marquis de Chambray. Fixer le temps de l'irrigation du 25 mars au 30 juin et du 10 juillet au 10 septembre.
Roman.....	Rapprocher les époques d'irrigation pour que la sécheresse n'ôte pas tout espoir de seconde récolte.
Damville...	Les uns trouvent que l'irrigation en deux parties sera avantageuse, d'autres prétendent que, sans une grande amélioration pour les prairies, cette division sera très-préjudiciable aux propriétaires d'usines.
Minières....	Il doit y avoir moins d'intervalle entre les époques d'irrigation.
Coulonges..	Rapprocher les époques d'irrigation; une fois la semaine suffirait, en donnant 12 heures en aval de Damville et 32 heures en amont. Pourquoi ne pas limiter l'irrigation sur les ruisseaux des trous de Botte et de Corne et sur le Mort-Iton. Cette observation est reproduite dans presque toutes les communes situées en aval de Condé.
le Sacq, Manthelon et Villez.	Mêmes observations.
Villalet.....	Régler l'irrigation des trous de Botte et de Corne. Pendant les jours fixés, l'irrigation devrait avoir lieu successivement en commençant par Villalet et continuant de commune en commune jusqu'à Condé.

avons dit dans notre mémoire du 23 août 1844 au sujet de ce bras forcé.

L'arrêt du parlement de Rouen du 2 juillet 1689 a réglé définitivement les droits de chacun. Il y a décision irrévocable en ce qui concerne le nombre et les dimensions des prises d'eau et le temps de les tenir ouvertes. Il ne pourrait y être apporté de changement que du consentement mutuel des parties et non sur la demande d'une seule catégorie d'intéressés.

Aussi la commission de 1841 (pages 36 et 39 du procès-verbal) a-t-elle déclaré à la majorité de 7 voix contre 2 que l'arrêt du 2 juillet 1689 devait continuer d'être appliqué au bras de Breteuil.

Ruisseaux des trous de Corne et de Botte.

Il est dit que l'irrigation ne devra pas nuire à l'alimentation des villages de Cintray, St-Nicolas et St-Ouen-d'Attez. Cela comprend tout. Le règlement local pour l'emploi et la subdivision des eaux des cours d'eau dont il s'agit sera formulé en conséquence.

De Condé à Villalet.

Dans cette partie de la vallée où le terrain est généralement absorbant, l'irrigation du samedi au dimanche ne pourrait suffire. Nous avons indiqué un second jour, et pour rendre l'irrigation plus facile, nous proposons de faire commencer à Damville et au-dessous 4 heures plus tôt qu'en amont.

Si les deux saisons d'arrosement doivent être rapprochées, ainsi que beaucoup le réclament de ce côté, le préfet pourra dans les règlements locaux opérer ce changement suivant ce qui est expliqué dans l'article 21.

ITON INFÉRIEUR.

—

Rouloir. — De Conches à Glisolles.

L'irrigation du samedi 8 heures du matin au dimanche 8 heures du soir sera évidemment plus avantageuse que celle du samedi 6 heures du soir au lundi 6 heures du matin, puisque l'on pourra profiter dans la journée du samedi des éclusées de la forge des Vauxgouins.

D'un autre côté, l'irrigation des prairies supérieures situées au-dessus des fontaines de Conches ne commençant qu'à midi, nuira moins à l'irrigation des prairies inférieures,

Deux jours d'arrosement seraient préjudiciables aux usines. Moyennant la division, un seul jour suffira.

Conches.... On demande que l'irrigation commence le 1er mars et que 36 heures soient accordées en amont des fontaines de Conches, comme en aval, et que ces 36 heures soient divisées en deux parties.

Saint-Elier.. On demande le maintien des anciens usages pour les époques, jours et heures d'irrigation.

la Croisille.. Idem. — Il vaut mieux arroser du samedi 6 heures du soir au lundi 6 heures du matin, que du samedi 8 heures du matin au dimanche 8 heures du soir. Les meuniers prétendent qu'ils n'auraient pas le temps de finir la mouture du jeudi jour de la halle de Conches.

Glisolles.... Observations de M. Duc de Clermont-Tonnerre.

Demande que le temps d'irrigation soit pris du samedi soir au lundi matin, suivant l'usage établi, au lieu de l'être du samedi matin au dimanche soir.

A Glisolles, on arrose avec le superflu du canal du moulin du château lorsque la forge de Conches lâche des flouées. C'est donc un mode d'irrigation à part; par le mode indiqué on obligerait le moulin du château à un chômage de 96 heures par semaine.

Observations du maire.

On ne doit pas changer les heures d'irrigation. Les 32 heures du règlement actuel sont suffisantes.

Pendant les 24 heures accordées en plus à M. de Clermont-Tonnerre, il faudrait pour arroser qu'il fît fermer son moulin du château.

Les prairies de Glisolles ont toujours été arrosées au fur et à mesure des petites flouées, sans que qui que ce fût, pas même la forge de la Bonneville, eût à s'en plaindre.

la Bonneville Le régisseur et l'exploitant de la forge de la Bonneville s'élèvent contre la disposition qui accorde 60 heures d'irrigation pour les prairies de Glisolles.

et pour les prairies supérieures, qui auront 8 heures d'irrigation séparée dans un autre jour de la semaine, nous avons pu fixer la durée totale de l'arrosement hebdomadaire à 52 heures.

Quant à la demande d'un changement dans la fixation des époques d'irrigation, l'article 17 du règlement permettra d'y faire droit, s'il y a lieu.

Sur la commune de Glisolles, au-dessous des prairies de Grenieuseville et jusqu'à la forge de la Bonneville.

L'allégation d'un chômage de 96 heures par semaine pour le moulin du château de Glisolles est évidemment erronée. En supposant que ce moulin dût être arrêté pendant tout le temps de l'irrigation, son chômage ne serait que de 60 heures.

Mais il est à remarquer que l'on n'a pas voulu dire qu'il y aurait 60 heures d'irrigation simultanée sur toutes les prairies de la portion de vallée dont il s'agit, mais bien que ces 60 heures seraient réparties entre les différentes prairies suivant ce qui sera fixé par le règlement local à intervenir.

Si nous avons proposé d'accorder 60 heures par semaine pour les prairies de Glisolles et notamment pour celles de M. le Duc de Clermont-Tonnerre, c'est parce que nous avons considéré que ces prairies de grande étendue ne recevaient pour leur arrosement que les eaux du Rouloir et de la rivière l'Iton sortie des sources de Gaudreville, et que les deux fortes sources dites de la Tête-des-Vieux-Prés et de la Fosse-aux-Dames qui sont situées sur la propriété de M. le Duc de Clermont-Tonnerre et un grand nombre d'autres existant dans l'étang de la Bonneville qui forment plus de la moitié du volume de l'Iton, profitaient tout entières aux propriétaires inférieurs.

On objecte cependant que l'on doit faire une distinction entre les prairies situées en amont du village de Glisolles et celles situées en aval, parce que plusieurs de ces dernières prenant l'eau à l'Iton, il y aurait un grave inconvénient à leur donner la même latitude pour l'irrigation et que d'ailleurs elles auront bien assez de 36 heures par semaine.

Nous avons constaté en effet que des prises d'eau qui, dans les premières visites, avaient

10

Cette exception ne paraît pas justifiée ; dans tous les cas, on doit faire une distinction entre les prairies situées en amont du village de Glisolles et celles situées en aval. Celles d'aval qui prennent l'eau à l'Iton même auront bien assez de 36 heures que l'on propose de fixer du samedi midi au dimanche soir minuit.

Le receveur des domaines privés du roi fait aussi des observations dans le même sens.

Aulnay..... Observations du maire.

36 heures ne suffisent pas pour l'irrigation des prairies d'Aulnay. Il faudrait 48 heures par semaine en deux fois.

Bérengeville. On doit maintenir l'irrigation telle qu'elle a été fixée par l'arrêté de 1806.

Il est inconcevable que l'on propose 60 heures d'irrigation pour Glisolles.

Arnières.... On ne doit rien changer à l'usage établi ni aux règles admises pour l'irrigation par l'arrêté de 1806.

Evreux.... Observations de M. Ormsby.

Un seul jour d'irrigation, sauf à en étendre un peu la durée, pourrait suffire pour les communes de Bérengeville et d'Arnières.

Sur la commune d'Arnières, entre le bras principal et le canal du Gord, les prairies de MM. Bioche et Dallet ont toujours arrosé du samedi 6 heures du soir au lundi 3 heures du matin, comme les prairies d'Evreux.

Maintenir cette fixation d'heure qui est bien suffisante.

D'autres heures et surtout deux jours d'irrigation de ce côté seraient très-préjudiciables à la forge d'Evreux.

Normanville. Observations de M. le Marquis de Champigny.

Les changements prescrits dans les jours et heures d'irrigation blessent les droits acquis des propriétaires de prairies.

Tourneville . Opposition fondée sur ce que le projet de règlement n'accorde que 32 heures dans la commune de Tourneville, tandis qu'il admet 36 heures dans

échappé, existent sur l'Iton en aval du village de Glisolles et nous reconnaissons qu'il n'y a pas lieu de comprendre ces prises d'eau non plus que tout autre que l'on pourrait vouloir établir par la suite de ce côté, dans les 60 heures accordées. Nous proposerons donc d'ajouter au paragraphe de l'article 19 relatif aux prairies de Glisolles, « *sauf pour les prairies arrosées directement par l'Iton en aval du village de Glisolles, lesquelles ne pourront prendre l'eau que pendant les 36 heures, du samedi 8 heures du matin au dimanche 8 heures du soir.*

En aval de la forge de la Bonneville et sur les communes d'Aulnay, de Bérengeville et d'Arnières.

Les propriétaires de prairies de la commune d'Aulnay ne sont certainement pas fondés à se plaindre, car ils sont admis, par le projet de règlement, à arroser deux fois par semaine, comme sur les communes de Bérengeville et d'Arnières où l'étendue des prairies est plus considérable.

L'arrêté particulier du 6 mai 1806 porte que l'irrigation aura lieu les lundi et vendredi de 2 heures du matin à 10 heures du soir.

Nous avons pensé qu'il était peu convenable et d'ailleurs inutile de fixer à deux heures du matin le commencement de l'irrigation qui de fait n'a lieu qu'à 4 heures et que l'on pouvait ainsi en réduire la durée à 36 heures sans inconvénient pour les propriétaires de prairies.

L'observation de M. Ormsby, relative aux prairies de la commune d'Arnières situées entre le bras principal et le canal du Gord, est très-fondée.

L'irrigation de 36 heures en deux fois ne doit s'appliquer à la commune d'Arnières que jusqu'au bras de l'Iton, dit le canal du Gord.

Les paragraphes 3 et 4 de l'article 19 concernant l'Iton inférieur seront modifiés en conséquence.

En ce qui touche la commune de Normanville, nous ne pouvons que nous en référer aux considérations développées dans notre mémoire.

Au-dessous de Normanville.

La durée de l'irrigation n'a pas été étendue parce qu'il y a moins de prairies qui arrosent que dans les communes supérieures, mais en.

les communes supérieures et 60 heures sur Glisolles, Gaudreville et la Bonneville. Ces exceptions ne paraissent pas justifiées.

ART. 20. Gouville et Blandey. ·

Observations de M. le Marquis de Chambray.

Il serait bien que les fermiers de prairies et d'usines pussent en l'absence des propriétaires être nommés commissaires pour la confection des règlements locaux.

On demande que l'usine de Condé ait une marche régulière et soit tenue de fournir l'eau nécessaire pour l'irrigation des prairies inférieures.

Roman.....

Observations de M. d'Urclé.

Signale les abus commis par certains meuniers qui épuisent leurs biefs pendant les heures qui précèdent l'irrigation. On devrait les obliger à tenir l'eau au repère au commencement de l'irrigation. Il n'y aurait d'exception qu'en faveur des fourneaux.

Coulonges ..

Empêcher les usiniers d'épuiser leurs biefs avant et au commencement de l'irrigation.

Conches....

Aux jours fixés pour l'irrigation la rivière doit être entretenue de manière à pouvoir assurer cette irrigation.

Glisolles....

On doit prescrire aux usiniers de maintenir le plan d'eau à la hauteur du repère pour le moment de l'irrigation.

Evreux ....

Réclamation relative à la manœuvre des vannes du Gord pour l'irrigation.

ART. 21. Francheville.

L'irrigation d'hiver produirait de très-bons résultats.

Cintray ....

Idem.

En ce qui concerne l'irrigation, on demande qu'une enquête ait lieu dès à présent pour constater la nécessité d'un supplément.

Verneuil....

Les irrigations d'hiver sont de la plus grande utilité.

Gouville et Blandey.

Les irrigations avec les eaux troubles, hors le

---

proposant de faire commencer l'irrigation 8 heures plus tôt qu'en amont, nous croyons avoir fait une chose très-avantageuse pour toute la partie inférieure de la vallée, qui aura beaucoup moins à souffrir des pertes d'eau de Normanville.

Pour prévenir de la part des propriétaires d'usines les abus que les propriétaires de prairies redoutent le plus, il est dit que la manœuvre obligée des vannes des usines supérieures et inférieures sera indiquée dans les règlements locaux. Cela doit suffire.

Pour la nomination des commissaires et pour en remplir les fonctions, il est juste que les propriétaires de prairies et d'usines puissent se faire représenter par leurs fermiers.

Nous proposerons donc d'énoncer dans l'article 20 :

Les propriétaires ou *fermiers*, etc., etc.

L'irrigation d'hiver est réclamée dans un assez grand nombre de communes. Il paraît bien reconnu qu'elle est avantageuse aux prairies, mais il n'est pas aussi certain qu'elle puisse avoir lieu partout sans nuire aux intérêts des usiniers.

Nous ne voyons pas pourquoi on se dispenserait de faire procéder dans les différentes localités aux expériences nécessaires pour

temps d'arrosement ordinaire, sont très-utiles et ne peuvent nuire aux moulins.

Roman..... Il faudrait que l'on pût lever les prises d'eau et ouvrir des saignées à la hauteur du repère, pour recevoir les eaux troubles de l'hiver.

Damville ... L'arrosement de l'hiver doit être permis.

Coulonges, le Sacq, Manthelon et Villez. L'irrigation d'hiver doit être permise.

Conches.... Le règlement doit autoriser les arrosements d'hiver.

Glisolles. ... L'expérience a plus que prouvé que les irrigations pour glacer les prairies et en général les arrosements dans les eaux troubles d'hiver étaient d'une grande utilité pour les prairies.

Aulnay..... On réclame l'irrigation d'hiver en janvier et février.

Bérengeville. L'irrigation d'hiver est très-favorable aux prairies. Elle doit être autorisée.

Arnières.... L'irrigation d'hiver est très-favorable aux prairies et doit être autorisée.

Art. 22. Bourth..... Ne pas exiger le curage tous les trois ans. — Il suffit de curer tous les neuf ans.

Francheville. On a toujours curé tous les neuf ans : on ne doit pas changer cette période.

Cintray .... Même observation.

Gauville.... Il doit suffire d'imposer la charge du curage aux riverains tous les neuf ans.

Verneuil ... On s'élève contre l'obligation de curer tous les trois ans.

la Guéroulde. Le curage ne doit être prescrit que tous les neuf ans et par partie de rivière.

Condé...... N'ordonner le curage général que tous les neuf ans, en ayant soin qu'il ne se fasse pas la même année sur toute la rivière.

Damville.... Le curage triennal serait trop onéreux.

les Minières. Le curage tous les neuf ans est suffisant.

Villalet..... Pour faciliter l'écoulement des eaux , toutes les mortes-rivières doivent être curées et élargies.

---

mieux reconnaître comment l'arrosement d'hiver pourrait s'effectuer et quelles seraient les précautions à prendre pour qu'aucun intérêt ne se trouvât lésé.

Il est d'ailleurs à remarquer que ces expériences mêmes mettraient d'avance les propriétaires de prairies en possession de l'avantage qu'ils sollicitent, car si par le résultat obtenu elles devaient donner lieu à un arrêté d'autorisation, elles seraient continuées préalablement à l'approbation ministérielle.

Beaucoup de règlements particuliers sur la police des rivières que nous pourrions citer prescrivent de curer tous les ans et même deux fois par an. L'arrêté du 16 prairial an x, consacré par l'ordonnance de 1833, en ce qui concerne l'Iton, contient une prescription semblable.

La commission de 1841 (page 35 de son procès-verbal) prenant en considération les différents usages admis, sur certains points, de curer tous les ans, sur d'autres comme sur les bras forcés de Verneuil et de Breteuil de curer tous les 9 ans, a indiqué un laps de trois années comme pouvant être adopté pour les reconnaissances à faire et les curages à ordonner.

C'est ce qui nous avait engagé à proposer de faire procéder au curage général tous les 3 ans. Il y aurait moins à faire chaque fois et nous pensions que la charge du curage ainsi répartie paraîtrait moins lourde.

Il n'en a pas été ainsi. Dans la plupart des communes, on a réclamé contre le curage triennal, et les propriétaires de prairies comme

Glisolles. ...   Les curages triennaux seraient une grande charge.

laBonneville.   *Le régisseur de la forge demande aussi que le curage n'ait lieu que tous les neuf ans.*

Arnières....   Il suffirait de curer tous les dix ans.

Evreux.....   Il est inutile de curer tous les trois ans. Une période de cinq années serait suffisante.

les propriétaires d'usines ont demandé généralement que l'on ne fît curer que tous les 9 ans.

Le curage général, dans une rivière comme l'Iton, qui a tant de ramifications, qui comprend des cours d'eau de régimes tout-à-fait différents et des biefs de forges et fourneaux de grande étendue, devient une opération très-difficile, qui donne lieu à beaucoup de conflits d'intérêts et d'incidents qu'il peut être sage de ne pas laisser se reproduire trop souvent.

Sous ce rapport, nous pensons que l'administration fera bien de ne prescrire le curage que tous les 9 ans, et nous ne voyons pas qu'il puisse y avoir de l'inconvénient à ce qu'il en soit ainsi, si le préfet, ainsi que nous l'indiquons dans l'article 22, conserve la faculté d'ordonner extraordinairement tous les curages qui dans l'intervalle seraient reconnus nécessaires.

On a demandé dans une commune que le curage à faire tous les 9 ans fût exécuté par parties de rivières.

Si on a voulu dire par là qu'il devait être fait en plusieurs années, nous ne pouvons partager cet avis, car il ne faut pas que la lutte que l'administration est obligée de soutenir à chaque curage contre les propriétaires récalcitrants se reproduise trop souvent.

Il vaut mieux en finir d'une seule fois, à moins d'impossibilité absolue dont le préfet sera toujours à même de tenir compte dans la fixation des époques.

Nous avons donc dans l'article 22 porté à neuf années au lieu de trois la période relative au curage général.

Art. 23.   Glisolles ....   Les usiniers doivent concourir à l'exécution des travaux de curage.

Aulnay.....   Le curage des biefs des moulins doit être à la charge des propriétaires de ces moulins.

Bérengeville.   Le curage devrait être à la charge du flottage et des usiniers, du moins en grande partie.

Arnières....   Le flottage et les propriétaires d'usines doivent être appelés à contribuer au curage dans la plus forte proportion.

Evreux.....   L'administration du flottage et les usiniers doivent aussi être appelés à contribuer aux frais de curage.

Nous remarquerons d'abord que ce n'est qu'à partir de Glisolles sur l'Iton inférieur que pendant l'enquête on est venu prétendre que le curage devait être à la charge des usiniers et du concessionnaire du flottage.

En réponse aux observations présentées à ce sujet, nous ne pouvons que rappeler ici que l'ordonnance de réformation du 21 mars 1758 concernant la police des rivières du ressort de la maîtrise de Pacy, et tous les arrêtés et réglements postérieurs mettent l'entretien des rivières de cette ancienne maîtrise à la charge des riverains ;

Que par suite l'usage établi sur l'Iton est

Normanville.

Le curage ne doit point être exclusivement à la charge des riverains. Le flottage et les usiniers doivent y contribuer dans une certaine proportion.

St-Germain-des-Angles.

On proteste contre l'article 23 qui met à la charge des riverains le curage qui devrait concerner le flottage.

que chacun doit curer et faucher au droit de sa propriété;

Que le Rouloir et l'Iton, même sur les parties flottables, ont toujours été entretenus par les riverains qui jouissent de la pêche; et que par décision conforme de M. le Ministre des travaux publics du 20 février dernier, les pourvois formés contre l'arrêté du 12 mai 1845, relatif au dernier curage général de l'Iton, ont été rejetés.

A ce sujet, nous répéterons aussi en ce qui touche plus particulièrement les usiniers ce que nous avons déjà dit dans les notes explicatives sur le dispositif de projet de règlement.

Lorsqu'un barrage d'usine est de nouvelle création, l'on met d'ordinaire le curage à la charge du propriétaire de ce barrage dans toute l'amplitude du remous.

Il n'en est pas de même lorsque le barrage de l'usine est ancien et sert aux propriétaires riverains pour l'irrigation de leurs prairies et autres besoins.

Ceux-ci sont dispensés de l'entretien et de la reconstruction du barrage de retenue : il est juste qu'ils soient chargés du curage. L'usage et les anciens règlements applicables à l'Iton sont d'accord à ce sujet.

Art. 24.   »   Néant.

Art. 25.   Gouville et Blandey.

On n'a pas le droit de faire élargir la rivière sans indemnité préalable.

Glisolles....

Les élargissements ne peuvent avoir lieu sans que les propriétaires soient indemnisés. Le comblement des bétoires ne doit pas être à leur charge.

L'administration a bien le droit de modifier et même de supprimer tous ouvrages en rivière, quels qu'ils soient, qui peuvent nuire au libre écoulement des eaux, sans que l'exécution des mesures prescrites puisse donner lieu à l'application des principes du droit civil en matière d'expropriation.

Pourquoi en serait-il autrement en ce qui concerne les élargissements reconnus indispensables ? Les fonds inférieurs ne sont-ils pas assujétis, envers ceux qui sont plus élevés, à recevoir les eaux qui en découlent naturellement, de manière à ne causer aucun dommage aux propriétaires supérieurs ?

Au surplus, les prescriptions relatives aux élargissements que renferme l'article 25 sont conformes à celles qui ont été insérées dans diverses ordonnances réglementaires concernant les cours d'eau du département de Seine-et-Oise, et notamment dans celle du 26 décembre 1841 sur la police des eaux de la Vaucouleurs.

Quant au comblement des bétoires qui peuvent se former dans le lit même de l'Iton, il fait partie du travail d'entretien mis à la charge des riverains.

Art. 26.	Bourth	Ne pas exiger le fauchage deux fois par an.
	Francheville.	Les fauchages ont toujours été faits par les usiniers.
	Cintray	Même observation.
	Gauville....	Le fauchage a toujours été fait par les usiniers.
	Glisolles	Les usiniers doivent concourir à l'exécution du fauchage.
	Evreux	L'administration du flottage et les usiniers doivent être appelés à contribuer aux frais du fauchage.

Il est indispensable que les herbes du lit des rivières soient fauchées au moins deux fois par an, en mai et septembre.

Les explications que nous avons données à l'article 25, sur les obligations des riverains concernant le curage, s'appliquent également au fauchage des herbes.

Toutefois, une exception parait avoir été admise de tout temps sur les bras forcés, du moins sur celui de Verneuil dont le fauchage est à la charge des usiniers conformément à l'article 9 de l'arrêté du 27 décembre 1808 relatif à ce bras.

C'est ce qui explique comment il a pu être dit dans les communes de Francheville, Cintray et Gauville, que le fauchage a toujours été fait par les usiniers.

Un paragraphe sera ajouté à l'article 26 pour maintenir dans les diverses parties du cours de l'Iton l'état actuel des choses touchant l'obligation de faucher les rivières.

Art. 27.	»	Néant.
Art. 28.	Glisolles	On ne doit pouvoir mettre des ouvriers d'office qu'après l'expiration d'un délai fixé.
	Evreux	Les communes devraient avoir la faculté de s'imposer les frais de bâtardeaux et autres relatifs au curage, à cause des grandes difficultés que l'on peut avoir à établir les rôles.

Si le curage de certaines parties de rivières doit donner lieu à un travail considérable, il peut arriver que l'on ne trouve pas, après l'expiration du délai fixé, le temps nécessaire pour exécuter ce travail.

L'établissement d'un bâtardeau peut avoir été ordonné comme indispensable pour l'opération du curage. Il faut bien dans ce cas que tous les riverains se mettent à l'œuvre à la fois et que l'autorité puisse placer des ouvriers d'office au compte des retardataires, lorsqu'il est à craindre qu'ils n'aient pas terminé aux époques indiquées.

L'observation présentée à Evreux nous parait devoir être prise en considération.

Il convient que les communes aient la faculté de prendre leurs charges, les frais de bâtardeaux et autres relatifs au curage.

Une disposition sera introduite à cet effet dans l'article 28.

| Art. 29. | Gouville et Blandey. | On ne doit pas défendre de planter près du bord. |

Les arbres plantés trop près du bord tendent à avancer de plus en plus en rivière et à ré-

	Roman.....	On doit laisser planter près du bord.
	Damville....	On doit pouvoir planter sur le bord même. — La largeur de la rivière devrait être fixée d'avance.
	les Minières.	La plantation au bord des cours d'eau est de droit.
	Coulonges, le Sacq, Manthelon et Villez.	Laisser planter sur le bord.

Art. 30. — **Condé......** Il devrait y avoir des repères d'arrosage. — Autrement, on ne sera jamais assuré de l'eau nécessaire pour arroser.

Décider qu'à l'avenir aucun moulin ne sera autorisé sur la rivière d'Iton, sans être tenu de prendre l'eau par déversement.

Observations de M. le Marquis de Chambray.

Gouville et Blandey. Les repères d'irrigation seraient très-utiles.

Les déversoirs près des moulins sont inutiles et seraient plutôt nuisibles. Ils empêcheraient l'irrigation par regonflement.

Evreux .... Les dispositions prescrites pour le relèvement des chapeaux de vannes doivent être applicables aux vannes de flottage.

Gravigny ... Protestation de M. Selle, propriétaire d'usine, relative à l'établissement d'un déversoir.

Art. 31. » Néant.

Art. 32. » Néant.

Art. 33. — **la Guéroulde.** Les procès-verbaux des gardes-rivières doivent pouvoir être enregistrés en débet.

Art. 34. » Néant.

Art. 35. — **Francheville.** On ne doit rien aux anciens gardes. Il a été

---

trécir le lit du cours d'eau. Une certaine distance doit donc être prescrite. Celle que nous avons indiquée est comme pour les rivières de la Vaucouleurs et du ru de Gally dans Seine-et-Oise (ordonnances royales des 26 décembre 1841 et 13 janvier 1842) de 1m 30, qui est aussi la largeur du marche-pied dû pour le flottage conformément à la sentence de la vicomté de Rouen du 27 avril 1778.

Il ne peut pas y avoir deux hauteurs de retenue ni par conséquent deux repères aux barrages des usines. La hauteur qui d'après la disposition des rives peut être admise pour le moment de l'irrigation doit pouvoir l'être également pour la marche des usines. Autrement, les usines seraient exposées à de très-longs chômages, et si l'irrigation se faisait, ainsi que quelques-uns le demandent, par regonflement, de grands abus s'introduiraient dans l'emploi des eaux.

Il doit suffire que la manœuvre des vannes des usines puisse être déterminée et réglée d'avance pour les temps d'irrigation conformément à l'article 20.

L'établissement des déversoirs est d'une utilité bien reconnue et doit pouvoir être ordonné par le préfet.

L'exhaussement des chapeaux de vannes a été réclamé pour les vannes de flottage comme pour les vannes d'usines. Nous aurons soin d'indiquer que la mesure est applicable à toutes les vannes.

Quant au mode de construction des vannes motrices, il n'est pas possible d'en faire l'objet d'une prescription uniforme, ainsi qu'on l'a demandé dans les observations de la commune de Condé.

Les difficultés qui se sont élevées à ce sujet font désirer que l'on insère une disposition qui autorise l'enregistrement en débet. L'article 33 pourra contenir cette disposition.

L'ordonnance royale du 31 juillet 1853 sur

entendu qu'il ne serait à ce sujet rien réclamé des riverains, ni pour le passé, ni pour l'avenir.

Cintray	Idem.
Gauville. ...	On ne doit rien aux anciens gardes.
Verneuil....	Idem.
Glisolles	La disposition relative à l'arriéré des gardes est inadmissible.
Normanville.	Il ne peut être question d'arriéré dû aux gardes.
St-Germain-des-Angles.	On proteste contre les dispositions qui mettent à la charge des propriétaires de prairies l'arriéré dû aux anciens gardes.

la police des eaux de l'Iton n'a point été rapportée. Il a au contraire été déclaré par M. le Sous-Secrétaire d'Etat des travaux publics, le 28 juin 1841, que l'on ne devait pas surseoir à son exécution et qu'il y avait lieu de la maintenir tant que l'on n'aurait pas obtenu les changements dont elle pouvait être susceptible.

Plusieurs gardes-rivières ont donc été conservés dans leurs fonctions et n'ont pas cessé d'exercer une surveillance sur le cours de l'Iton. Si, parce que cette surveillance, en raison des circonstances qui sont survenues, a été moins active, il peut y avoir lieu de supputer les services rendus par ces agents ; on reconnaîtra du moins qu'il n'est pas possible de ne pas les rétribuer dans une certaine proportion, et qu'il faut que ce qui est légitimement dû soit payé.

Fait à Evreux le 10 juin 1845,

L'Ingénieur en chef chargé du service de l'Iton,

Amédée MÉRY.